JN410206

지나가는 이야기

지나가는 이야기

조경희 수필집

북랜드

작가의 말

빈 여백에 글씨 쓰기를 좋아했다. 글씨가 글이 되고 편지가 되었다. 말보다는 글의 효력이 강했다. 어릴 적 부모님께, 결혼해서 남편에게, 갖고 싶은 것이 있을 때, 친구들과 놀러 가고 싶을 때, 나의 표현을 글로 적어서 전달했다. 아이 셋을 키우면서도 말보다는 글이 잘 통했다. 글은 내게 하나의 수단이기도 했고 나를 대신하는 또 다른 내가 되어주었다. 그래서 나는 편지를 쓰듯이 글을 쓰는지도 모르겠다. 문바람에서 가을 맛이 난다. 윤슬같이 설레는 마음을 실어 정겨운 편지를 쓴다.

"여름이 지나고 뚜벙 가을이 왔어. 너 정말 괜찮은 거니?"
"그럼 괜찮고말고!"

수필을 쓴다는 것은 나에게 보내는 편지를 쓰는 일이다.

차례

첫 번째 / 뿌리

앞소리

아버지는 이따금 다랑이 논둑 같은 터울의 오 남매를 둘러앉혀 놓고 당신의 신명을 풀어냈다. 가을이면 국화주 내고 겨울이면 솔잎주 차려놓고 갈고랑이 같은 손을 휘적이며 소리를 흥얼거렸다. 동생은 어깨춤을 추고 나는 바쁘게 가사를 받아 적는다.

일 년 삼백육십오 일 하루만 못 봐도 못 살겠네 칠년대한 가무는 날에 빗방울 같이도 반긴 사랑 아니 놀지는 못하리라

아버지의 하루는 날이 새기 무섭게 시작되었다. 저녁나절까지 일하는 당신에게 따로 즐기는 일이 있을 리 만무했다. 고추 농사는 두 개의 고추 굴로도 모자랐고, 마당은 가을이 끝날 때까지 붉었다. 고추는 장날마다 돈으로 바뀌어 할아버지의 허리춤 국방색 전대를 채웠으나, 아버지에겐 돈은커녕 여유로운 시간도 주어지지 않았다. 늘 하는 일은 농사지만 좋아하는 것은 초성 좋은 당신이 부르던 노래였다.

아버지의 재간이 깃발처럼 펄럭일 때는 마을에서 상여가 나가는 날이었다. 아버지는 꽃상여 맨 앞에 팔을 걸치고 앞소리를 메겼다. 저승을 부르기도 하고 이승을 보내기도 하며 꽃상여가 나갔다. 일 년 내 바쁘지 않은 날이 없던 아버지였지만, 마을에 상여가 나가는 날은 하루를 다 내놓고도 마음 달아 하지 않았다.

이제 가면 언제 오나 오실 날을 일러주오 너허 너허 너화넘자 너화너

아버지가 메기면 상여꾼들이 받는다. 마디가 툭 불거진 손에 수건을 걸고 훠이훠이 저으면서 새로 난 길의 안내자가 되었다. 앞소리는 아버지의 초성을 타고 쩌렁거리며 북망산을 넘어 저승으로 향했다. 절절히 터져 나오는 슬픈 가락은 아버지의 한인지 죽은 자의 한인지 상주의 곡소리는 높아졌고 구경꾼의 눈물까지 쏙 빼놓았다. 구부정한 허리 깊은 곳에서 올라오는 아버지의 앞소리를 듣고 있으면 배가 고팠다.

할머니는 아버지를 낳고 젖이 없었다. 젖동냥으로 자라난 아버지는 특히 배고픔을 못 참았다. 설날이면 여러 젖어머니에게 세배하러 다녔다. 아버지가 앞소리를 하던 상여 중 한둘은 젖어머니였을 게다. 달래는 듯 아버지가 쏟아내던 앞소리는 할머니 무릎 끝에서 이어지던 길쌈처럼 길고 또 길었다. 늘 뒷자리에 서 있던 당신이지만 그날만큼은 상여 네 귀의 불두화처럼 만개했다. 그간 드러내지 않았던 끼를 원 없이 풀어내 놓았다.

상여가 나가는 날은 아버지가 곤욕을 치르는 날이기도 했다. 상두꾼이 수건 한 장에 흰 고무신 한 켤레면 앞소리꾼은 수건 한 장에 운동화를 받았다. 아버지는 밤이 늦어서야 집 앞 담구멍에 운동화를 끼워놓고 들어왔다. 앞소리를 메기는 이는 단명한다는 말에 어머니는 불안해하였다. 환갑도 못 넘기고 세상 버린 덕산어른이 그랬고, 기남이 아버지 역시 이른 나이에 이승을 등졌다. 어머니는 남편을 잃을까 노심초사했다. 다음 날 아침이면 운동화는 여지없이 어머니의 손을 타고 마당으로 패대기쳐졌고, 그때마다 아버지는 다시는 앞소리 메기지 않을 것을 노름판 혈서처럼 다짐했다.

그런 아버지가 육십 고개를 막 넘겨놓고 당신의 긴 명 고개는 넘지를 못하였다. 달밤에 아버지는 십 리도 안 되는 신작로를 걸어오면서 소리하였을 것이다. 쇠죽솥 아궁이 앞에서 당신보다 더 큰 아들과 마른명태 구워가며 마시던 됫병 소주 생각, 아직 출가하지 않은 곰살맞은 막내 염려와 검은 머리가 새로 돋아나는 구순의 노모 생각을 소리로 뱉어내며 걸었을 것이다. 뒤에서 달려오던 자동차가 거나하게 취한 아버지를 태워 저승 문전에 내려놓을 줄 몰랐다. 달 귀에 별 걸리듯 당신 혼에 소리를 걸어 술보다 소리에 취해 걷다가 동백꽃처럼 지고 말았다.

미끄덩 유월 어정 칠월이라 했는데, 아버지의 일생은 미끄덩 유월이었다. 당신의 상여가 나가던 날 상두꾼도 없었고, 앞소리는 더욱 없었다. 당신의 발자국이 수만 번 찍혔을 골목 어귀에서 발인제를 지냈다. 아버지의 상여는 쓰러진 엄마를 돌아보지 않고 뒷골로 향했다. 평토제를 지내고 달구질을 해야 했다. 깃발은 꽂아 놓았지만, 앞소리꾼이 없었다. 나는 숨이 넘어가게 울면서 여울목처럼 차오르는 앞소리를 뱉어내고 싶었다.

가네 가네 나는 가네 백발 성성 어메 두고 천근 같은 걸음으로 나는 가네 애달픈 나의 인생 급히 갈 줄 내 몰랐네 짧디 짧은 인생 길을 소낙비처럼 살다 가네

아버지는 먼저 간 수많은 사람을 당신의 앞소리로 인도했지만, 정작 당신이 가는 길에는 안내자가 없었다. 고달픈 이승을 떠나는 아버지는 이미 닦아 놓은 그 길로 스스로 앞소리를 하며 떠났을 것이다. 차가운 땅속에 아버지를 묻고 돌아와 대문 안으로 들어섰다. 담장에는 턱을 괸 괭이와 경운기가 맥없이 서 있었고, 뜰 한 구석에는 양귀비가 그려진 염색약과 헌 칫솔이 삐딱하게 놓여있었다. 웅성거리는 친척들 사이로 아버지가 온 얼굴을 다 열어 '허허' 웃으며 술잔을 권하는 것만 같았다. 날이 새기 무섭게 시작되던 당신의 하루는 고달팠지만, 즐기던 앞소리는 숨 가쁘게 살아가는 틈새로 쏟아낸 당신의 신명이었는지도 모른다. 나 죽으면 그만인 세상에서 아버지가 머물다 간 한 세월은 바빴고 힘겨웠으며 한판 놀음처럼 신명도 났을 것이다.

어느 날 내 꿈자리에서 아버지는 고즈넉한 호숫가에 긴 낚싯대를 드리워 놓고 앉아 있었다. 계절 없이 농사일에 매달렸고 신발에 바퀴 달렸다던 당신의 모습과는 사뭇 달랐다. 이승에서 한시도 허실 없이 보냈던 아버지는 저승에서 느긋하게 낚시를 했다. 어머니가 뜨개질 한 壽福이 선명하게 드러나는 풀 먹인 윗도리를 그곳에서는 입을 날이 있을는지도 모른다.

겨울에도 노루가 쉬어 간다는 뒷골 양지쪽으로 아버지를 만나러 간다. 오 남매는 일 년에 한두 번은 봉분 앞에 잔을 놓고 아버지가 못다 한 소리를 해본다.

못 오시네 못 오시네 한 번 가면 못 오시네 살점 같은 오 남매 두고 북망산천 넘어간 뒤 인생 아차 죽어지면 영영 못 오시네 구구절절 앞소리는 어디에다 제쳐두고 안산어른 우리 아배 어이 이리 유유자적 말없이 누웠을꼬 말없이 누웠을꼬

아버지의 밭

그 밭은 우리 밭이 아니었다. 흙보다 돌이 더 많고 마른 잡초가 그대로 남은 거친 밭은 누구도 손대지 않은 묵밭이었다. 겨울방학 때인 엄동설한에 아버지는 우리 삼 남매를 데리고 가서 객토를 시켰다. 산비탈 흙을 퍼다 자갈 구덩이인 밭에 돌 대신 메웠다. 아버지와 나 그리고 동생 둘은 그 겨울에 불을 피워가면서 몇 날 며칠에 걸쳐 객토했다. 얼음판에 썰매를 타는 대신 우리는 뭐가 그리 우스운지 깔깔대며 장난하듯 흙을 파서 퍼다 날랐다.

아버지는 잠시도 우리를 쉬게 하지 않았고 당신 또한 쉬지 않았다. 객토 일이 끝난 후에 우리 집 뒤꼍에는 장대 같은 아카시아 나무가 매일 두 단씩 놓였다. 오전에 한 단, 오후에 한 단, 똑

같은 양으로 쌓였다. 나와 내 동생은 아카시아 나무에 달린 가시를 낫으로 주룩주룩 떼어냈고 할아버지는 적당한 길이로 잘라서 백 개씩 단으로 묶었다. 이듬해 봄에 고추나무 지지대로 쓸 막대였다. 잠시라도 게으름을 부리면 나뭇단은 무섭게 쌓였다. 매일 같은 시간에 일정한 양이 우리의 발목을 잡았다.

이듬해 여름, 그 밭에는 크고 번들번들한 고추가 달렸다. 묵혀 두었던 밭에 좋은 흙을 넣어 처음으로 고추를 심었으니 먹성 좋은 아이처럼 쑥쑥 컸다. 여름방학이면 고추 따느라 놀 여가가 없었다. 익은 고추를 다 땄다 싶으면 먼저 땄던 고추밭에 벌써 빨간 고추가 손짓했다. 엄마와 우리는 고랑마다 빈 비료 포대 입을 돌돌 말아 세워 놓고 익은 고추를 따서 채웠다. 나정내는 동생은 포대를 베고 고랑에 눕기도 했고, 포대는 채우지 않고 고랑만 먼저 나가기도 했다. 한 포대 따는 데 돈을 걸어두기라도 하면 고종사촌 준열이는 제 것은 따지 않고 남이 딴 것을 제 포대기에 몰래 담기도 했다. 아버지는 우리가 따 놓은 고추 포대를 지게에 져 나르느라 바빴다. 하루는 다 져 나르지 못하고 밭 가 묘 펄에 세워 두고 다음 날 가지러 갔더니 이미 고추의 주인이 바뀐 적도 있었다.

딱 한 해 농사를 지었을 뿐, 아버지는 밭을 내어놓아야 했다. 묵밭으로 버려두었던 주인이 윤이 나게 가꾸어 놓은 밭을 다른 사람에게 팔겠다고 했다. 아버지는 그 밭을 사지 않았다. 객토해서 수

려한 밭이 되었으나 미련 없이 손을 놓았다. 아버지가 그 밭을 포기했을 때, 우리 남매는 아무 생각이 없었다. 바로 옆에서 밭을 보아야 했던 아버지는 그쪽으로 고개를 돌리지 않았다.

힘겹게 객토했던 밭을 아버지는 왜 한마디 말도 없이 놓았을까. 그때 아버지의 표정 속에 숨어있던 자존심을 우리는 발견하지 못했다. 아버지는 자주 손해 보는 쪽을 택했다. 가지는 것보다 잃는 게 많았다. 묘 펄에 둔 고추가 없어졌을 때도 그 밭을 포기했을 때도 흔들림이 없었던 아버지다. 먼 길 가신 지 이십여 년, 할머니 산소 가는 초입 그 언덕바지를 지나며 기억을 더듬는다.

장수
長壽

툇마루 끝 보자기만 한 자리 하나 차지하고 앉아봅니다. 삶은 여행 같다지요. 선명하지는 않지만, 굽이굽이 살아온 내 삶이 아득한 오솔길처럼 보입니다. 이 세상에 더는 섬길 어른이 없다는 게 이승에서 가장 고단한 나이가 되었다는 것입니다. 이제는 돌아갈 단 한 곳을 남겨 두고 허전함을 달래봅니다. 내 기억 속의 모든 것이 희미하게 사라져갑니다. 양지쪽에 앉아 볕을 받으며 살아 있다는 것이 고마웠던 적도 있었습니다. 개똥밭에 굴러도 이승이 낫다는 말이 참말일까요. 갈 때가 지난 것도 같은데 가는 날을 손꼽아 기다려도 해는 강처럼 길고 내 명줄은 질기기만 합니다. 나를 스쳐 간 그 많은 시간 속에 사랑이 있었을 것이고 나를 꼭 필요로 하던 시간도 있었겠지요.

열일곱 살에 시집을 왔습니다. 그때 나지막한 뒤란에 새색시 같은 감나무가 두 그루 있었고, 여름에는 볕이 오래 머물러 좀 덥기는 했지만, 대문을 열고 내다보면 책을 펴놓은 듯한 정경이 참 아늑했지요. 마을에서 보기 드문 맑고 깊은 우물이 있던 집, 그 우물가엔 향나무가 있었지요. 처음부터 나는 이 집이 마음에 꼭 들었습니다. 아침이면 먼저 대문부터 열었지요. 좋은 소식 좋은 사람을 기다리고 또한 복을 부르는 것이지요.

이 집을 떠나 있었던 적은 내 평생 딱 칠 년이었습니다. 어느 겨울 작은아들네로 다니러 간 사이 큰아들이 세상을 버렸습니다. 나는 이곳으로 돌아오지 못했지요. 자식 앞세운 죄 많은 어미가 되어버렸으니까요. 방랑꾼 같은 시간 속에 마음을 잡지 못하고 밤마다 눈물로 새는 날이 허다했지요. 고통이 내장을 도려내도 삶을 이어갈 수밖에 없었나 봅니다. 내 집 내 방으로 돌아가고 싶었지요. 서슬이 퍼런 영감 옆에서 연애하던 딸을 찾아 나서는 일이 허다했던, 누비포대로 손주 업어 키우던 집으로 돌아가고 싶었답니다. 내 자식들이, 내 남편이, 나를 절실히 필요로 했던 그 시절로 갈 수 없다면, 모든 걸 놓고 죽어서라도 가고 싶었지요. 복이라던 장수는 나를 이리도 힘들게 합니다. 집으로 돌아오는 것을 한사코 말리던 둘째아들은 칠 년이 지나고 나서야 나를 놓아주었답니다.

내 나이 아흔이었습니다. 아들을 대신하여 마흔이 된 손자가 나를 이 집으로 데리고 왔습니다. 얼마 만인지요. 둘째네서 선잠에 화들짝 깨기를 수없이 하던 내가 이곳에서는 깊은 잠을 잡니다. 허나, 일흔 중반인 며느리에게 밥상을 받아야 하니 밥알인들 내 속에서 편히 삭을까요. 어쩌자고 백수를 문전에 두고서도 나는 갈 길이 바쁘지 않은 건지요.

어찌 이리 느긋한지 나도 모르겠습니다. 뒤란에 속이 텅 빈 감나무가 내 몰골 같습니다. 고목이 되어서 열매도 달지 못하지요. 봄이 오면 겨우 싹을 틔울 뿐 쓸모가 없습니다. 이 나무 아래서 감꽃을 주워 아이들 목걸이를 만들어 주었고, 홍시를 주워 자식들에게 먹였던 꿈같은 날이 있었답니다. 감나무도 꼭 나와 같이 늙어서 허무하게 세월만 삭이고 있는 모양입니다. 저 나무가 어쩌면 나와 동무하려는지도 모르지요.

아들이 떠나고 며느리는 혼자서 고통을 이겨 나갔겠지요. 칠 년이란 세월 동안 아픔을 삭이고 홀가분하게 살게 될 무렵 이 노인네 다시 짐짝처럼 돌아와 아무것도 모른 척 잠만 잘 잡니다.

며느리는 스무 살에 시집와서 오십 년을 넘게 사는 동안 험한 일 마다치 않고 박꽃같이 곱던 시절을 층층시하 시집살이에 군말 없이 다 바쳤지요. 내 어찌 그 심정을 모를까요. 시어미가 걷던 그 길을 며느리도 똑같이 걸었던 것을요. 이제는 놓아 주어야 할 텐데, 산에 누우나 집에 누우나 같다는 말이 나를 두고 하는 말이겠지요.

명절이라 아이들이 찾아옵니다. 며느리와 내가 적막강산처럼 사는 이곳에 지붕이 들썩입니다. 내가 거처하는 작은방에도 문고리가 닳도록 들락거립니다. 오늘만 같으면야 얼마나 좋을까요. 하루가 내 명같이 길기만 하더니 오늘은 어찌 이리도 짧을까요. 입안에 곰팡이가 필 것만 같아 물을 마셔본 적도 있습니다. 하지만 마음의 허기는 채울 수가 없었습니다. 손자가 꼭 제 아비의 모습으로 내 옆에서 천둥같이 코를 골면서 잡니다. 증손들은 백발에 검버섯투성이인 나를 더러는 무서워하면서 노랑나비처럼 팔랑팔랑 내 방을 드나듭니다. 오래 살고 볼 일이라 하지 않던가요. 이런 날을 두고 하는 말이지요.

손녀들이야 가까이 와서 할매 내 희야다, 소리를 질러야 알아보지만, 영자는 다르지요. 그림자만 보아도 단번에 알아본답니다. 큰아들 세상 버리고 남은 사 남매가 나를 보러 오는 일이 얼마나 드문지요. 나는 까막눈이라 전화 한 통도 할 줄을 모른답니다. 오래 사는 일이 그저 죄만 같지요.

일흔을 바라보는 내 딸 영자가 먼 길 에미를 보러왔습니다. 나는 그 애가 참으로 기럽고 기러웠습니다. 딸의 손목을 부여잡고 나는 아이가 되어버립니다.

영자야, 니도 알제? 아직 나는 내가 입은 옷은 내 손으로 빨래도 한다. 봉당도 쓸 수 있고 이것저것 잔손질은 하고도 남지. 에미는 나를 그냥 가만히 있기만 하란다. 토끼장에 토끼를 보는 것도 안 된다네. 토끼장 문을 열어 놓고 그 녀석들 하는 짓을 보고 있노라면 너희 어릴 적 재롱을 보는 듯 기특한지라 자주 들여다보았제. 어느 날 내가 문을 허술히 닫아서 토끼가 사라져 버렸단다. 그만 고양이가 새끼를 다 물어 가버렸지. 며느리는 고까운 소리로 귀 어두운 내가 못 듣지 싶어 퍼부어댔지. 서운함이 내 몸뚱이보다 더 크게 부풀어 오르더구나. 어제 니 작은 오라비가 왔더라. 내가 오래 살아서 어야꼬, 어야꼬, 소리를 했더니마는 니 오라비가 얼매나 울고 갔는지 모른다. 늙으면 죽어야지, 그래 늙으면 죽어야제.

나는 영자가 가고 나서야 뱉은 말을 후회했습니다. 내가 무슨 망발을 했던가. 몸이 성치 않은 며느리에게 밥상 받는 백발 노모가 날마다 눈에 밟힐진대 괜찮다 말할 것을…. 맏딸이라 염치없이 어미가 기대고 싶었던 모양입니다.

예전에 나의 시어머니 장수한다고 동네에서 자랑이었던 시절이 있었지요. 명절이면 마을 사람들이 앞다투어 문안을 왔고 담벼락에 공경심이 줄을 섰지요. 내 시어머니는 여든여섯에 양 마실 간에 자랑으로 세상을 떴건만, 나는 아흔일곱에 이리도 쓸모없이 살아갑니다. 세상이 변한 게지요. 나는 이제 뒷방 늙은이일 수밖에 없습니다. 당연한 일이건만 마음 한 켠에서 서운한 소리가 왕왕거립니다. 아이들이 가고 나면 사각 벽 안에서 또 긴 시간을 손가락 짚어가며 보내야 합니다.

긴 여행이었지요. 손가락 사이로 중요한 것들이 모래알처럼 빠져나가고 내 주름살 사이사이로 눈물 자국이 두드러지고, 삶의 흔적이 검버섯이 되어 돋아났습니다. 순하게 산다고는 했지만, 알게 모르게 누군가에게 주었던 상처들 용서받을 수 있을까요. 길쌈 삼던 시절, 그 가늘고 긴 삼이 한 올도 엉킴이 없었던 것처럼 나의 삶도 이제 달래고 어루만져서 풀어놓고 가고 싶다면 욕심인가요. 영영 다소곳한 새색시의 자태로 돌아갈 수는 없지만, 단 한 가지, 마음을 다잡아 서운했던 모든 것을 다독여 놓고 떠나고 싶답니다.

삶이 찰나의 꿈이라면 이제 깨어나고 싶습니다, 부디.

엄마의 시간

시곗바늘이 4시쯤에 멈추어 있다. 낡은 가죽끈이 달린 시계는 벽에 덩그러니 걸려있다. 꼿꼿하게 누운 할머니는 한 번도 허리를 굽히지 않았던 것처럼 반듯했다. 수의로 갈아입히는 할머니 앞에 엄마는 몸을 가누고 의자에 앉았다. 염을 하는 동안 엄마의 마른 눈에서 눈물이 흘렀다.

백수白壽를 넘기고 상수上壽까지 살아 낸 할머니는 돌아가시기 입새까지 혼자 걸었다. 오히려 엄마가 유모차에 의지했다. 엄마의 푸념은 끝이 없었다. 시어미 업고 시집온 것도 아닌데 왜 나한테만 맡겨 놓느냐고 했다. 할머니께 좀 다정하기를 우리가 부탁하면 걱정되거든 업고 가라며 손자의 포대기를 찾았다.

아버지가 돌아가시자 할머니를 돌봐야 하는 숙제는 엄마를 더 강하게 만들었는지도 모른다. 마음 놓고 아플 수도 없었다. 할머니를 두고 먼저 스러지기라도 하면, 당신 몫으로 남은 부모 공양이 자식에게 넘어갈까 봐 걱정했다.

엄마의 생신날, 대구로 오기를 오 남매가 청했다. 가까이 있는 둘째 딸이 모시러 간 날, 엄마는 창문을 열어젖히고 늙은 감나무가 있는 뒤란을 향해 서럽게 울었다. 할머니를 혼자 두고 가도 편치 않고 그렇다고 모시고 가는 것도 싫었다. 작은엄마에게 할머니를 부탁하고 대구로 왔지만 며느리에게 아침상을 받고는 이내 집으로 돌아갔다.

노년을 도란도란 정겹게 보내야만 아름다운 풍경일까. 으르렁대는 엄마에게 할머니는 소처럼 말이 없었다. 돌아가시기 사흘 전에 막내삼촌이 할머니를 보러 왔다. 막내아들을 곁에 두고도 할머니는 모기만 한 소리로 엄마만 찾았다.

“왜요. 영감한테 갈라니껴, 아들한테 갈라니껴?”

기차 화통 같은 목소리로 되묻는 엄마를 향해 할머니는 힘겹게 도리질을 했다. 그럼 내캉 살라니껴. 할머니는 숨절 가쁘게 고개를 끄덕였다.

할머니 연세 상수, 한 달째 곡기를 넘기지 못했다. 엄마는 할머니를 병원으로 보내지 않겠다고 삼촌과 고모에게 단호하게 선

포했다. 병원에 모셔 놓고 절뚝거리는 다리로 당신 마음대로 드나들 수 없으니 집에서 할머니 곁을 지키고 싶었을 것이다. 속곳 차림으로 하룻저녁에도 몇 번씩 시어머니 방을 드나들자 할머니는 헛손질처럼 팔을 휘저으며 '에미 애먹여서 어야꼬, 미안테이'라며 작은 몸을 어디 둘 데 없어 했다.

추위가 가시기 시작한 새봄, 할머니는 떠날 준비를 했다. 언 땅을 뚫고 올라오는 새싹처럼 할머니의 숨절은 가쁘고 힘겨웠다. 엄마는 숨을 몰아쉬는 할머니의 마른 몸을 닦고 옷을 입혔다. 오십 년을 함께 살았으니 내 몸 같기도 하겠건만, 시어머니에 대한 살가움이라고는 없던 엄마였다. 살갗이 비닐처럼 밀리는 작은 몸에 내복을 입히고 겉옷을 입혔다. 전족한 중국 여자 발보다 작은 할머니 발에 양말을 신겼다. 고모도 삼촌도 부르지 않았다. 아무도 없는 방에서 할머니 몸을 닦으며 거칠게 대했던 일, 서운케 했던 일, 몸 아플 때마다 시어미 성가시다고 소리를 질러댔던 이 모든 것에 대한 용서를 빌었다.

"잊어뿌고 가세이. 다 잊어뿌고 가소."

반듯하게 누운 할머니는 당신이 거처하던 작은방에서 드센 며느리를 처음으로 너그러워지게 한 후 떠났다. 아버지가 돌아가시던 날 새벽, 뒤란에서 목이 메도록 울어대던 까마귀처럼 엄마는 통~곡했다.

슬픔보다는 지나간 세월에 대한 설움이 새벽공기에 섞여 흩어졌다. 되돌릴 수 없는 청춘, 오 남매 출가시키고도 편히 누리지 못했던 중년에 대한 설움이 폭포처럼 쏟아졌던 것일까. 그리고 눈물을 닦았다.

할머니만 없으면 날개를 펼 것 같았던 엄마였다. 할머니를 보내고 날아갈 것만 같던 엄마는 시름시름 앓았다. 마실 나갔다가 해가 져도 끼니 걱정 없으니 좋았다. 외출 준비하고 나서면 현관까지 따라 나오던 할머니가 없어 편했다. 그런데도 아버지가 가신 후보다 더 휘청거렸다.

아이들이 와도 할머니보다 엄마를 찾으니 이제는 당신이 우리 집 제일 어른이잖은가. 까만 모자를 쓰고 흔들의자에 앉은 할머니, 대문간에서 엄마를 기다리던 할머니, 외출했다가 돌아오면 어느새 현관 앞까지 와서, 어디 갔다 오노? 말없이 나간 며느리가 돌아오지 않을까 봐 겁먹은 얼굴로 반기던 엄마의 시어머니가 없다.

"할매가 더 살아도 안 되는데 이상채? 자꾸 눈물이 난대이."

할머니를 보내고 몸살처럼 앓고 난 뒤 엄마는 노인대학을 다니며 친구를 사귀고 여행 간다. 고장 난 할머니의 시계를 고쳐서 쓰려는 엄마에게 동생이 시계를 사 드렸다. 엄마는 앙상한 손목에 새로 산 시계를 차고 자랑한다.

야야야 내 나이가 어때서….

팔순의 엄마는 흥겹게 부르는데 나는 왜 서러운가!

엄마의 시간이 돌아가기 시작했다.

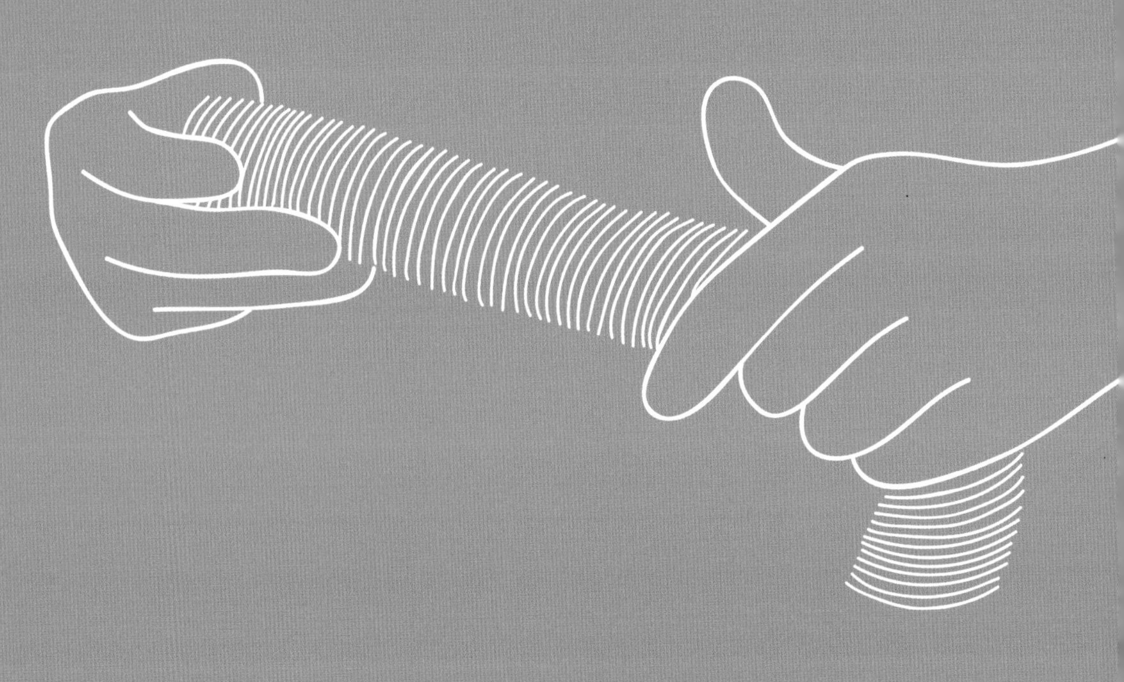

두 번째 / 약속

효목동 그 집

같은 꿈을 꾼다. 벌써 몇 번째다. 예전 효목동 쪽방에 살던 꿈이다. 단칸방에 부엌이 억지로 난 그 집, 연탄보일러 뚜껑에 온수가 돌아 나와 벽돌색 고무통에 옮겨져 처음으로 뜨신 물을 흔전만전 쓰던 집이다. 골목 어귀로 쪽문이 달렸던 그곳, 남편과 아이 둘이랑 넷이 누우면 딱 맞던 방 한 칸짜리 전세방이었다.

그 집에 살았던 때로 한 번만, 딱 한 번만 다시 돌아가고 싶은지도 모르겠다. 성우가 있었고, 지예가 아장아장 걷던 집, 사백만 원짜리 단칸방, 그 집이 나는 좋았다. 처음으로 우리 가족만 살았던 신혼의 달콤함을 알게 해준 집이었다. 부업한다고 밤껍질을 하루에 다섯 포씩 까다가 손가락이 마비되기도 했다. 밤 부업은 한철이라 봉투 접는 부업을 시작해서 매월 받던 돈은 한 달에 십만 원 정도였다. 그땐 봉투 한 장 접으면 팔 원이었다. 돈에 미쳤는지, 부업에 미쳤는지 왜 그랬는지 나도 모르겠다. 처음 남편 이름으로 된 아파트로 이사 올 때 하루에 천 장을 접어 부업한 돈을 모아서 분홍색 하이그로시 책상을 사고 원목 식탁도 샀다.

집 앞 부식 가게에 가면 내 이름으로 된 외상장부가 있었다. 빠듯하게 한 달을 살아도 외상값이 쌓이곤 했다. 콩나물 천 원. 빨랫비누 오백 원. 그렇게 모이면 월급날에 가서 갚았다. 보름만 지나면 늘어난 외상값은 나를 얼마나 주눅이 들게 하던지. 그래서 주야장천 긴 다리 접고 앉아 무릎 위에 턱을 괴고 봉투를 접었는지도 모른다. 월급 받으면 저축부터 하고 가져오는 돈은 불 위에서 오그라드는 오징어 발 같은 생활비였다.

효목시장에 가면 난전에 등이 시퍼런 통고등어가 네 마리에 천 원이었다. 어쩌다 사는 날이면 우리 집 밥상은 수라상이 되었다. 첫 아이 가졌을 때 감자가 먹고 싶었다. 감자 한 봉지 사서 하얀 분이 나게 삶아서 먹고 싶었지만 참았다. 천 원어치의 감자는 일주일 치 반찬이 되었다. 지독한 짠순이였다. 그때는 왜 그렇게 지지리 궁상이었을까. 왜 그랬을까. 천천히 집을 사도 되었을 테고, 통장에 돈이 조금 늦게 모여도 상관없었을진대. 너무 알뜰해서 부러질 것 같던 살림살이였다. 아마 그러지 않고는 살 수 없었을 게다.

기차 기관사인 남편이 야근하고 돌아오는 날이면 나는 아이들을 유모차에 태웠다. 하나는 네 살이고 하나는 세 살, 둘이서 타기엔 버겁던 유모차를 끈으로 묶었다. 버너와 작은 냄비를 싣고 아이들이 눈을 반짝이며 좋아하던 새로 나온 짜파게티 두 봉지를 샀다. 동촌 강가로 나갔다. 큰 나무 아래 자리를 깔고 나는 책을 읽고, 두 아이는 강가에서 돌을 던지면서 놀았다. 집에서는 남편이 단잠을 자는 동안 나는 아이들과 강가에서 긴 시간을 보냈다. 까만 짜파게티는 초콜릿보다 맛있다. 아낀다고 두 봉지 사 가서 나는 침만 흘렸지. 철도 덜 들었을 서른 살에 내가 어미 노릇을 했던가!

어젯밤에도 그곳의 꿈을 꿨다. 연탄불도 살아 있었고, 그릇 씻어 올리던 앵글에는 녹이 나 있었다. 억지로 나 있던 부엌에는 매달 백 장씩 들여놓던 연탄이 아직 스무 장쯤 남아 있었다. 불구멍을 손가락 한 개가 들어갈 만큼만 열어두어야 한다. 그래야 하루에 두 장, 한 달에 예순 장이다. 백 장을 사면 한 달 쓰고 남은 연탄은 가난한 가계부에 배부른 이월이 되었다. 좋았다. 결혼생활 이십 년 통틀어 나는 그해가 제일 좋았다.

이제는 한마음 내려놓는다. 내려놓은 마음의 틈 사이로 쉼표 하나를 들여놓고 싶다. 차이콥스키의 '비창' 제1악장을 연주하듯 '조금 느리게 빠르게 그러나 지나치지 않게' 살고 싶다. 다른 사람보다 빨리 가야 하는 것도 아니고 다른 사람을 제치고 먼저 가야 하는 것도 아니다. 천천히 바쁘게 살아가야 할까 보다. 지치지 않은 걸음으로….

나는 이제 꿈만 꿀란다. 그때보다 돈도 더 많고 아이도 더 많으니까.

딱, 그때만큼 행복하니까.

밑그림

겨울나무 사이로 봄볕이 나오기 시작하면 내 안의 그림 하나 조심스레 펼쳐집니다. 해마다 사월이면 가슴 뻐근한 통증과 후회가 밀려와서 고개를 흔듭니다. 고통이 싫어 잊어버릴 생각에 눈에 힘을 주고 입술을 깨뭅니다. 얼룩진 그림은 다시 그릴 수도 없고 덧칠해서 제목을 바꾸어 달 수도 없는데 말입니다. 스무 살이 넘도록 가슴 안에만 살아 있고 꿈속에서만 존재하는 가버린 아이는 눈빛마저도 서서히 잊히고 있습니다.

잃어버린 그때는 같이 갈 것처럼 내 울음에 짐승 소리가 났습니다. 눈물이 보태어져 국물이 불어나도 먹어야 산다던 어른들의 말에 미친듯이 더 울어댔던 순간도 기억 속으로 묻힙니다.

며칠 전에 본 드라마가 떠오릅니다. 식물인간이 된 아이의 심장을 심근확장증으로 죽어가는 아이에게 이식한다는 내용의 다큐멘터리였습니다. 한 아이는 뇌사상태이고 한 아이는 심장만 이식받으면 다시 살 수 있었습니다. 심장을 주는 입장이 된 부모의 오열과 심장을 받아야만 살릴 수 있는 부모의 절박함이 교차하였고 의사의 표정 속에 난감이 묻어나던 그 순간 나는 텔레비전을 껐습니다.

이십 년 전, 내 아이는 심장이 커지는 병을 앓고 있었습니다. 이식밖에 길이 없다고 했습니다. 서른 살의 힘없는 어미는 목젖이 아프도록 눈물만 삼켰습니다. 매주 찾아간 흉부외과에서 엑스레이 사진을 붙여 놓고 크기를 재는 의사 앞에서 기적만 기다리는 무능한 어미였습니다. 아이를 업고 우물 안 개구리처럼 팔딱팔딱 뛰기만 했습니다. 세상 속으로 나갔으면 살릴 수 있었을까요.

피를 토하더라도 덤벼들지 못했던 나의 속수무책에 가슴을 치지만 지나간 시간 앞에 무릎을 꿇습니다. 과연 내가 뇌사상태 아이의 부모 입장이라면 내 아이의 심장을 죽어가는 아이에게 줄 수 있을까. 그 아이를 안아 심장 소리를 가슴으로 느끼면 내 아이를 안은 듯 후회 없이 살아갈 수 있을까. 어디에서든 살아만 있으면 된다던 마음이 내 옆에 살아야 한다는 이기심으로 바뀔 수 있듯이 욕심보다 배려가 먼저이기는 힘들겠지요.

나는 두 경우를 이해할 수도 있을 것 같았습니다. 한 번 죽은 아이를 두 번 죽게 할 수 없는 것도, 살아서 고통받던 육신 죽어서까지 고통을 줄 수 없는 부모의 마음을 압니다. 죽은 목숨처럼 누운 자식도 부모에겐 여전히 살아 있는 아이이기 때문입니다. 죽어가는 내 자식을 다른 아이의 심장을 얻어 다시 살려내고 싶은 절박한 고통도 알 것 같습니다. 그렇다고 마냥 매달려 애원조차 할 수 없는 막막함도 알 것 같습니다. 심장이라도 다른 아이의 몸 안에서 뛸 수 있다면, 내 아이가 보고 싶고 안고 싶을 때 심장을 받은 아이를 찾아가 그 아이의 심장소리를 같이 들어볼 수 있으면 허전함을 달래 볼 수 있을 것도 같습니다. 해마다 봄이 오면 잊었던 고통이 새싹을 따라 같이 올라오지만, 죽은 자식 나이 세기는 끝나 버렸습니다.

한때 아이가 들어서지 않아 한약을 한 트럭이나 먹어도 꼬박꼬박 찾아오던 달거리가 그렇게 미울 수가 없었습니다. 하다하다 안 될 때에는 아이 하나 데려와 키우자던 남편의 말에 나는 피가 거꾸로 올랐습니다. 남편과 내 피로 만들어진 내 아이여야 한다는 생각에 갇혔던 적이 있었습니다. 그러다 어느 날 틀렸다는 생각에 놀랐습니다. 다문화 가정이 늘어나고 사회 곳곳에서 입양해서 키우는 이가 늘어나고 있는데 내 아이여야 한다니요. 다른 아이의 심장을 넣어 살려낸 아이도 내 아이인 것을, 아니 더욱 간절한 내 아이가 될 수 있습니다.

"내 아이라고 말하지 마세요. 우리 아이입니다."

어느 유치원 선생님의 말은 잊어버릴 수 없는 명언입니다.

그날 다 보지 않고 꺼버린 텔레비전에서 분명 그분은 아이의 심장을 선물할 것입니다. 내 아이가 사는 일이며 우리 아이가 되는 것이니까요. 나처럼 끝나버린 시효로 매년 찾아오는 허기진 듯한 아픔을 고개를 흔들며 지우지 않아도 될 것입니다.

아침에 일어나면 나는 세 아이를 터지도록 안는 버릇이 있습니다. 내 심장과 아이의 심장이 겹쳐지면 더 건강하게 뛰어줄 것 같은 나만의 치료법입니다. 오늘 하루도 규칙적으로 부지런히 뛰어줄 심장은 최고의 박동 수를 자랑할 것입니다. 살아있다는 것은 사랑하는 이에게 할 수 있는 최고의 표현입니다.

영원한 맹세가 없는 것처럼 영원한 고통도 없습니다. 견디고 버티다 보면 지나가니까요. 내 젊음을 점령했던 힘들었던 순간들, 새순 같던 아픔도 어느새 슴벙슴벙 자라서 별을 따라 나옵니다. 지우지 못하는 그림 옆에 밝고 치열한 열정의 그림 하나 다시 그릴 것입니다.

약속

"엄마, 오빠야 다 나으면 그때 나 업어 줘?"

"그래 오빠야 다 나으면 업어 줄 거야. 오빠는 걷고 너는 업어 줘야지."

덩치 큰 녀석을 나는 엉치뼈가 아프도록 업고 다녀야 했다. 한 손은 업은 아이에게 한 손은 뛰는 듯이 따라오는 딸아이에게 내어주던 때, 나는 아이의 마음을 돌아볼 여력이 없었다. 기차와 버스를 타고 다닐 때 딸아이는 보채지도 않고 잘 따라다녔다. 더러는 나의 큰 걸음을 따라오느라 힘에 겨워 뛰었을 것이다. 세 살짜리 작은 꼬마였던 지예는 아픈 제 오빠를 업고 가는 나를 종종걸음으로 따라오면서 엄마의 등이 얼마나 멀어 보였을까.

녀석이 아프다는 대단한 이유로 지예는 그냥 컸다. 정말 그냥 컸다. 엄마 나 업어 줄 거지, 지예의 깨금발 같은 희망은 귓전에 닿지도 못했다. 녀석을 멀리 보내고도 딸아이는 어린 시절을 또래의 아이들처럼 누리지 못했다. 함께 읽던 동화책『장화 신은 고양이』를 없앴다. 제 오빠는 앞에 타고 지예는 항상 뒤에서 밀고 다니던 노란 세발자전거도 없앴다. 둘이서 가지고 놀던 장난감도 빈 상자에 넣어 꽁꽁 묶어서 치웠다.

단칸방에서 내가 슬픔에 허둥댈 때 흔들리는 내 눈을 맞추며 아이는 불안했을 것이다. 세 살에서 다섯 살, 미술학원 다닐 때까지 지예는 놀잇감이 없었다. 지예는 큰아이가 없어지자 혀 짧은 소리로 감겨오기 시작했다. 먼 데 보내놓은 내 눈을 아이에게 돌려주지 않았다. 오빠가 다 나으면 업어 주겠다던 약속은 세 살짜리 꼬마의 간절한 바람이었을 뿐 지켜주지 못하고 지예는 훌쩍 스무 살이 넘었다.

"지예야, 엄마랑 소주 한잔할까?"

왜냐고 묻지도 않는다. 이 아이도 엄마의 사월을 봐 주고 있다. 해거리도 없이 겪는 지독한 사월의 통증은 온 식구를 고달프게 한다. 열두 달 중 한 달을 잃어버린 녀석을 위해 내어주고 있는지도 모른다. 문득 저를 원하는 엄마의 목소리에 무엇이 깔렸는지 딸아이는 아는 모양이다. 학교에서 돌아와 엄마 앞에서 재잘대는 저를 건성으로 넘긴 적이 허다하건만, 지예는 늦은 시간 나를 데리고 젊은이들이 간다는 술집으로 향한다. 엄마 취향이라며 좋아할 거라 장담한다. 풋풋한 젊음의 공간에서 엄마는 딸 같아지고 딸은 엄마 모양새로 마주 앉았다. 체리 소주와 안주로 나온 치킨샐러드가 싱싱하다. 한 잔씩 따라 마시기 시작한다.

눈물 머금은 사월에 허덕이는 엄마를 위해 함께 나가 주는 이 아이에게 나는 그때 주어야 할 것들을 주지 못했다. 품속으로 들어오는 아이를 밀어냈고 내 슬픔에 충실하느라 업어 주겠다던 약속은 잊었다. 어미의 따뜻한 품을 원 없이 내어주지 못한 그때가 미안해서 두 배로 돌려주고 싶지만, 한 품에 들어올 수 없이 커버린 아이가 오히려 나를 다독인다. 무엇이든 간절히 원하고 바랄 때 주어야 한다. 목마를 때 한 잔의 물처럼 말이다.

때를 지나서 곱으로 갚을 작정을 하지만, 업어 줄 수 없을 만큼 아이가 커버렸다. 딸아이가 시집가서 꼭 저를 닮은 작은 아이를 데려오면 그때, 따뜻한 등 내어주며 제 어미인 양 업어주어야겠다.

우란분절

철인3종경기하듯 살아가고 있는 일상을 뒤로하고 차에 올랐다. 미처 옆자리에 타지 못한 내 영혼을 챙기듯 문을 한 번 더 열었다가 닫는다.

바쁘게 사느라 잊고 살았다. 아니 솔직히 말하자면 내 마음이 편하니 간사함이 발동하여 찾지 않았다고 해야 옳을 게다. 절을 향해 한 시간 정도 달리는 동안 시속 60킬로미터를 넘지 않았다.

독서 모임이 있는 것도 미루고 나선 길이다. 어느새 무성해진 나무들, 이제야 보이는 하늘, 산길로 접어들자 뒤에 오던 차가 신호를 한다. 오른쪽으로 비켜 앞질러 가도록 차를 보낸다. 언제 이렇게 한갓지게 보낸 적이 있었던가. 십 년은 된 것 같다.

그동안 길이 남을 일도 하지 않았건만, 발바닥에 바퀴 달린 것처럼 동분서주했던 모양이다. 이 길을 가다 보면 길옆에 도라지꽃이 하얗게 또는 보랏빛으로 흔들렸던 것 같다. 그새 콘크리트로 지은 된장 공장이 들어섰다. 주택가 작은 텃밭에는 고추가 약이 올라 붉게 익어가고 동네 앞 느티나무 아래에는 자줏빛 자두 한 바가지를 앞에 놓은 할머니가 졸고 있다. 그 옆 나무의자에는 햇살이 내려앉았다. 개망초꽃이 메밀꽃처럼 만개한 길을 지나 절 마당으로 들어섰다.

오랜만에 들어온 법당에서 몸을 낮추어 절을 한다. 일 년에 한 번 세상에 이름이 내걸리는 날, 먼저 간 아들과 이기심으로 보낸 망태아, 그리고 시부모님 이름이 적힌 지방을 법당에 걸었다. 앞으로 칠재七齋 동안 꼬박꼬박 올 것을 다짐하듯 옷깃을 여민다. 잊고 있었던 동안 그들에게 미안했던 것이 아니라 내 게으름이 무성해져 다시 다짐하는 건지도 모른다.

스님의 목탁 소리와 함께 우란분재가 시작되었다. 서툴지만 반야심경을 읽고 금강경을 읽는다. 무심하여, 먼저 간 내 아들과 돌아보지 않았던 부모님을 위로한답시고 끝끝내 무릎을 모으고 앉아 있다. 예전에 재를 지내러 오면 중간에 빠져나가 절밥만 먹고 돌아가던 나였다.

죽어서도 이어지는 이 인연을 함부로 하지 말아라. 이승을 다 살아낸 후 CD 한 장 듣고 간다는 스님의 법문을 들으며 문득 뒤를 돌아보았다. 법당 밖으로 보이는 산과 무성한 나무들. 나무가 무성해지도록 힘겨워하는 친구를 찾아가 도란도란 이야기 나누며 한갓지게 지낸 날도 없었다. 살아가는 동안 얼마나 많은 사람과 부대끼며 살게 되는가. 나의 치마폭만 펴느라 가까운 이를 멀리했고 정작 찾아야 할 곳을 놓치고 보냈다.

두 시간째, 백중기도가 무르익고 여기저기 눈물 그렁한 신도도 보인다. 끊어지듯 넘어가는 스님의 염불 소리에 울컥 눈물이 난다. 영가 전에 머리를 숙이며 묻는다.

'아버님 그곳은 어떤지요? 성우는 잘 있는지요? 아버님 저 이렇게 잘 지내고 있습니다.'

스님의 마지막 불경 소리와 함께 영가의 지방이 재로 바뀐다. 칠월 염천이라 등줄기에 땀이 흐른다.

마지막까지 남아 공양을 끝내고 집으로 향했다. 구불구불한 길을 가며 차를 세워 창문을 열고 바람을 맞기도 하고 풀냄새를 맡기도 한다. 오랜만이라 길도 잊은 모양이다. 왼쪽으로 가야 할 길을 오른쪽으로 접어들어 낯선 마을로 들어섰다. 마을을 지나며 '화단에 꽃이 곱게 핀 저 집이 내 집이면 좋겠다'며 혼자 저울질도 해본다. 괜스레 한 바퀴 더 돌아서 한티재까지 왔다. 휴게소에 들어가 가방에 넣어 온 책을 꺼낸다.

빵 한 조각 떼어 입에 넣고 커피 한 모금을 마신다. 그리고 책장을 넘긴다. 나의 영혼이 어느새 따라와 옆자리에 앉아 턱을 괴고 웃는다.

삼천배

봄이면 종기는 벚꽃처럼 터져 나왔다. 많은 이가 봄꽃에 들뜰 때 나는 종기를 터뜨려 아물게 하느라 약을 찾고 있었다. 가벼운 복장으로 야유회 가듯 나섰다.

성냥개비 열 개를 방석 앞에 놓았다. 백배를 하면 성냥개비 하나를 오른쪽으로 옮겼다. 이마 코 입까지 방석 위에 내려놓는다. 먼지가 입으로 코로 들어오는 듯했지만 마음은 편했다. 온몸을 바닥으로 낮추는 일, 뭉클하게 좋았다. 시작은 이렇게 꽃잎처럼 가벼웠다.

이백배 할 때마다 법당 뜰에 나와 쉬었다. 쉬는 시간은 달콤했다. 촘촘히 뜬 별을 보며 커피를 마시며 산사에 오기를 잘했다며 손뼉을 쳤다. 벌써 마음의 짐을 다 잊은 듯 좋았다. 새벽 세 시, 산사의 공기가 법당 안으로 들어와 천장에 걸렸다. 이천배를 마쳤다. 어질어질했다. 속의 것이 올라온다. 토할 것 같다. 내 안에 고였던 찌꺼기가 한꺼번에 올라오는 중이었다. 법당문을 열고 나가 군불 땐 방에 누우면 그만인데 왜 이러고 있는가. 뭘 바라고 이러냐고 내 안에서 부르짖는 소리가 들리는 듯했다.

소원이 없어지기 시작했고 바라는 것도 점점 희미해져 갔다. 고통의 시간은 나를 가만두지 않았다. 어서 숫자를 채워 삼천이 되기만을 바랄 뿐이었다. 후회와 고통을 수없이 반복하면서도 그곳을 나올 수가 없었다. 버리지 못하는 욕심이 남은 숫자로 쌓였다. 시간이 가도 성냥개비는 오른쪽으로 옮겨지지 않았다. 목이며 엄지발가락까지 뿌직뿌직 소리가 나는 것 같았다. 다른 사람은 숨소리도 안 나게 사뿐사뿐 하는데 나는 온 산에 새 쫓듯 씩씩댔다. 남 보기에도 힘겹게 했다.

머릿속에선 또 아우성이다. 친구들과 놀던 시간, 쇼핑하고 즐거웠던 시간이 아른거렸다. 왜 시작했을까 후회를 곱으로 하면서 이천사백배. 새벽예불 시간이 와 버렸다. 가방 속의 욕심은 서서히 잊어가고 남은 건 오로지 나와의 싸움이었다. 새벽예불을 마치고 나니 같이 하던 사람들은 삼천배를 다 채우고 법당 문을 새털처럼 가볍게 빠져나갔다. 날이 새기 시작했다. 동행한 도반은 하얗게 질려 구역질해대는 나를 다른 방으로 데려갔다. 뜨끈뜨끈하게 군불 땐 방, 다리 펼 공간 없이 좁은 방바닥에 등만 붙여도 천국이었다. 삼십 분만 자고 일어나 다시 하자고 약속했지만, 아침까지 자버렸다.

산사의 아침은 평온하게 와 있었지만 끝내지 못한 삼천배를 안고 아침공양을 했다. 다른 사람은 절을 왜 하는지 궁금했다. 아무에게나 물었다. '절을 왜 하세요' 자신과의 싸움이라고 했다. 절을 하고 내려가면 무엇을 해도 이겨낼 수 있는 에너지를 얻는다고, 그래서 그들은 마음이 흩어질 때마다 와서 스스로 고통을 체험한다고 했다.

마음은 근육과 같아서 쓰면 쓸수록 단단해진다고 한다. 그들은 매번 올 때마다 마음의 근육을 키우는 것일까. 다리도 내 마음대로 되지 않았고 일어날 때마다 짚고 일어났던 팔목에도 무리가 왔다. 날이 밝으면서 더 힘들어지고 시간도 배로 걸렸지만 그만둘 수는 없었다. 삼천배를 채우지 않으면 내 속에 고인 응어리를 덜어내지 못할 것 같아서였을까.

마지막 삼천배째, 오체를 마룻바닥에 다 내려놓고 펑펑 울었다. 내 안의 응어리를 씻어내고 또 씻어냈다. 살아오면서 내가 두드렸던 모든 문, 좋은 문만 있었을까마는 그래도 내가 걸었던 이 길을 다시 걸어 똑같은 문고리를 잡는다고 해도 용감하게 들어갈 것이다. 죽은 아이가 들어간 수술방 문 앞에서 억장이 무너져도 기다릴 것이고, 다시 아들을 낳아 들여다보던 신생아실 문 앞에서도 가슴 뛰게 기다릴 것이다.

삼천배하던 날, 납덩이 하나를 잉태한 것 같았다. 도반의 손에 이끌려 들어섰던 법당, 뒤돌아보았다. 저 문안에서 나는 무슨 일을 했었나. 꿈같았다. 누가 시킨 것도 아닌데 밤새 죽을 것 같은 고통을 스스로 싸안았다. 육체의 고통은 마음의 고통을 밀어냈다. 봄마다 풀어진 마음의 근육들이 다시 튼튼해질까. 법명을 받고 돌아서 나오는데 스님이 또 오란다. 절대 다시 오지 않겠다고 오만하게 대답했다. 돌아와 며칠은 꼼짝할 수 없었다.

그해 봄은 그렇게 삼천배의 후유증으로 보냈다. 아이를 잃었을 때도 그랬다. 아팠다. 꿀꺽꿀꺽 눈물을 삼키며 보낸 봄이 스무 번을 넘었지만, 그러고도 봄이면 그 아이에게 매달려 허우적대고 살았다. 내려놓아야겠다. 먼저 간 그 아이를 부여잡고 더는 울지 않을 것이다. 절대로 잊을 수 없는 게 있다지만, 적어도 꽃 피는 사월에 우는 일은 없을 터이다.

불빛

원하면 이루어진다고 했던가. 마흔 후반에 들어서는 동안 간절히 원했던 일이 몇 번이나 있었을까. 염원이 하늘까지 닿아 우주가 들어주기 위해 아우성을 친다고 하던 말이 떠오른다. 그 온기가 모여 내게로 왔던가.

아들은 나에게 짐이었고 소망이었다. 아들 하나만 낳게 해주면 어떤 욕심도 부리지 않겠다고 겁 없이 맹세했다. 아들은 나를 살게 하는 힘이었다. 나에겐 그랬다. 세상에서 가장 부러운 그림이 알밤 같은 아들 앞세우고 걸어가는 어미였다.

나 혼자만의 갈망이 아니었다. 딸 많은 친정엄마는 황새 논두

렁 넘겨 보듯 외손자를 기대했다. 엄마는 아들 낳은 산모의 속옷을 구해 왔고, 꼭지가 하늘로 향한 호박을 삶아 내게 먹였다. 시어머니는 잉어 그림이 그려진 액자를 안방에 걸게 하셨고, 손위 동서는 나를 데리고 절에 들어가 사흘 밤낮을 기도하게 하였다. 빌어도 멀리 달아나는 소원은 우주로 향하지 못했던 모양이었다.

속이 단 엄마는 마지막 방법이라며 삼신 탈 것을 부탁했다. 보살 집을 찾아갔다. 보살은 단번에 나를 흔들었다. 이백만 원을 요구했다. 한 달 한 달 빠듯하게 살던 나는 감히 엄두도 낼 수 없었다. 나이 든 엄마의 수심 가득한 눈을 보는 순간 삼신을 타겠다고 약속해버렸다. 보살은 당장 날을 받아야 효험을 본다고 했다. 돈을 융통할 곳이 없었다. 에멜무지로 부탁해본 친구가 금세 가난한 내 손에 현금 이백만 원을 쥐여주었다.

며칠 뒤 굿당으로 갔다. 보살 내외는 금방 산 것 같은 신식 개량 한복을 입고 나왔다. 저 옷 내가 해준 거란 생각이 퍼뜩 들었다. 부질없는 짓이 될지도 모른다는 후회가 밀려왔지만, 되돌릴 수는 없었다. 징을 두드리고 돼지머리에 칼을 물리고 지폐를 꽂았다. 시골에서 갓 찧은 쌀을 가져다 바쳤다. 보살은 이미 내가 득남이라도 한 듯 득의양양했다.

첫 손에 빨강 깃발을 뽑아야 효험이 있다. 보살은 노랑, 파랑, 빨강 깃발을 돌돌 말아서 내 앞에 훅 내밀었다. 나는 단번에 빨강 깃발을 뽑지 못했다. 두 번째도 보살이 손가락으로 빨강 깃발을 밀어 주어서 겨우 뽑았다. 삼십대, 새파란 나이에 내가 그 자리에서 얼마나 두려웠는지 얼마나 가슴이 미어졌는지 모른다.

조급함을 버렸다. 더 늦기 전에 아들이 와 주기만을 빌었다. 살아오면서 지은 죄 살아가면서 갚겠노라고 엎드려 빌었다. 간절함을 넘어 절박했다. 이제는 과학적인 방법밖에는 없다는 생각이 들었다. 여러 권의 책을 읽고 그중 공통적인 방법 다섯 가지를 골라냈다. 산부인과 의사를 찾아가 도와달라고 사정했다. 나는 아. 들. 을. 만. 들. 었. 다.

어떤 끈의 효험으로 아들을 낳았는지 알 수 없다. 아들 낳은 산모의 속옷이 효험이 있었는지, 꼭지가 하늘로 향하는 호박이 효험이 있었는지, 이백만 원을 받아 옷 한 벌씩 해 입고 삼신을 태워준 보살의 정성이 이루어졌는지, 의사가 도와주던 과학적인 방법으로 아들을 만들었는지 알지 못한다. 다만, 나의 아들 낳기는 혼자만 용을 쓴 것이 아니었다. 그 어느 곳을 거쳐서 왔더라도 한 가지마다 조금씩의 효험은 있었을 것이라고 믿는다. 안타까움으로 마음을 모아준 모두의 고마움으로 왔을지도 모른다.

절박한 한 가지를 위해 이루어질 때까지 모든 걸 걸어 보는 일이 한 생에 몇 번이나 있을까. 목적을 세워 놓고 이루어질 때까지 포기하지 않는 것, 한 번쯤은 해볼 만하다. 그것이 남이 보기엔 아무것도 아닌 아들 낳기일지라도 내게는 목숨을 걸어야 할 일이 되기도 한다. 세월이 가면 다 지나가는 것을 욕심을 부리고 마음을 졸이고 동동거리던 나의 모습도 이제 누그러진다.

아들이 내 키보다 한 뼘이나 더 크다. 그때를 생각하면 그림 같은 장면이 떠오른다. 왜 그렇게 원하고 고집했는지, 아들이 없다는 데서 오는 허전함을 버리지 못했던 미련이 아니었을까.

저녁이면 불빛들이 새어 나온다. 막 떠오르는 달빛, 노란 주전자가 주렁주렁 걸린 막걸리 집에서도, 그 모든 불빛이 나를 위해 비추는 것 같은 착각일지라도 나는 참 좋다.

간판의 네온사인마저도 나를 향해 있어서….

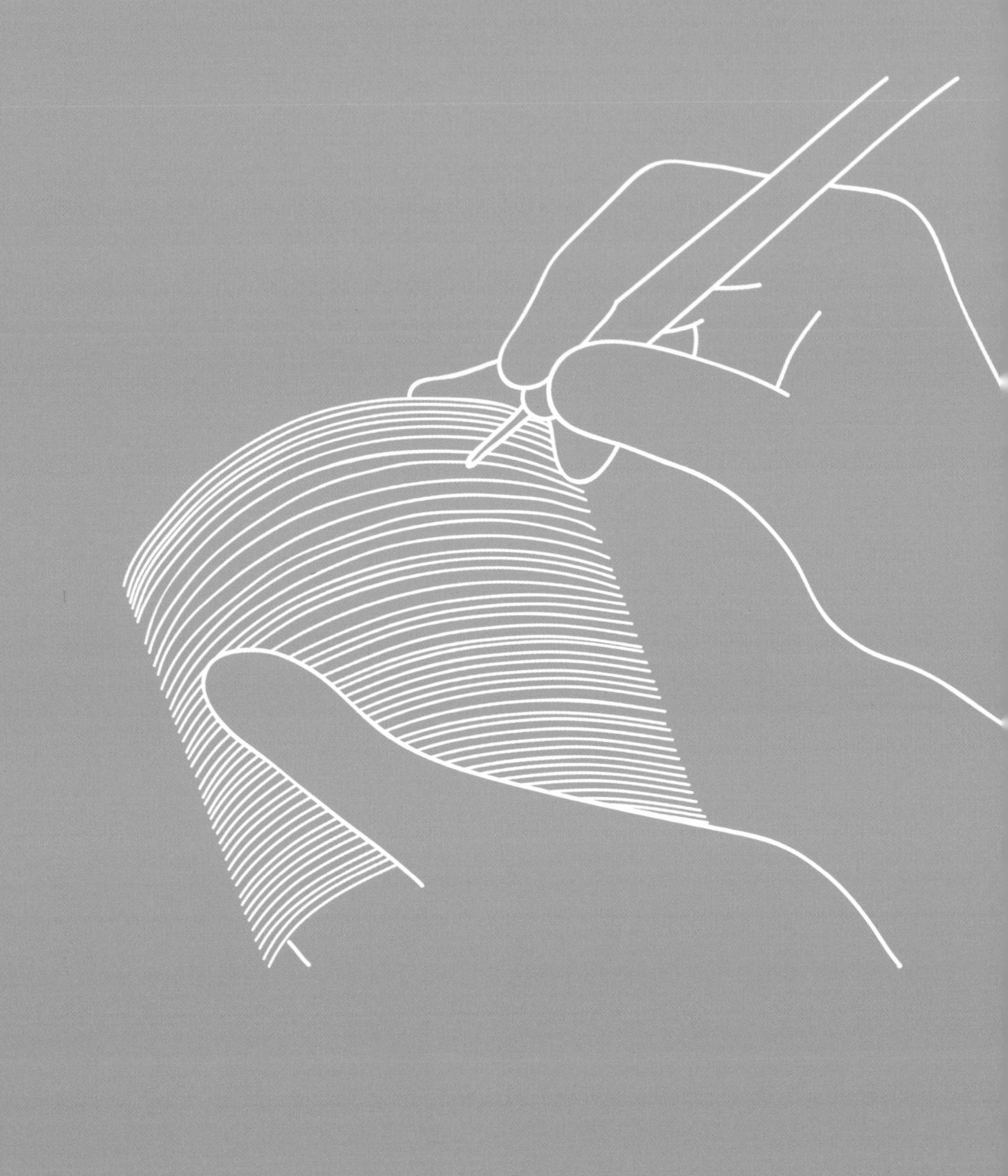

세 번째 / 신씨네

신 씨네 이야기

신 씨는 저녁상이 늦다고 화를 낸다. 나에게 집안일을 소홀할 거면 바깥일을 줄이라고 한다. 어떤 일을 줄여야 할까. 입안에서만 맴도는 말, 내가 하는 가사잡무를 그만두고 싶다.

오늘 아침, 신 씨와 함께 텔레비전을 본다. 노년의 아내가 하루 세 끼 남편의 밥상을 차리며 젊은 날 고생한 이야기를 늘어놓지만 받아주지 않는다. 나이 든 아내는 급기야 커다란 가방을 챙겨 가출한다. 아내는 혼자 살아본다. 이런 세상이 있었다니 감탄의 나날이다.

텔레비전을 보면서 신 씨와 나는 다른 생각을 한다. 신 씨는 퇴직

하고 나서 밥 달라고 하면 안 되는 것이고, 나는 하루 세 끼 중 한 끼쯤은 남편이 준비해서 같이 먹자고 하는 것이다. 나는 남편을 보며 '그러니까 난 행복하게 살 거야'라고 했다.

친구는 며느리도 봤다는데, 나는 아직도 다섯 식구 챙기느라 버겁다. 아이를 늦게 낳은 탓도 있지만, 졸업 후 첫째와 둘째가 집을 떠나지 않았다. 매일 수건 열 장, 양말 다섯 켤레, 청소, 밥, 방마다 쌓인 먼지, 흙이 마른 화분, 세탁기 안에는 널어야 할 빨래가 가득, 다림질을 기다리는 셋째의 교복과 남편의 셔츠, 더러워진 신발이 흐트러져 있는 신발장, 오락기의 두더지 대가리처럼 툭툭 튀어나오는 집안일이 나를 지치게 한다.

아침에 일어나서 두 시간, 퇴근 후 두 시간은 앉을 여가가 없다. 아내도 엄마도 아닌 가정부다. 그동안 도움을 청하지 않고 집안일을 내가 다 했던 탓이다. 첫째가 자주 도와주기는 하지만 그래도 내 몫이었다. 몸이 아프니 또 억울하다. 목구멍이 꽉 찬다. 내가 두 시간 동안 움직일 때 신 씨는 텔레비전을 보고 그의 아이, 申가 아이들은 스마트폰을 만진다. 이게 무슨 행복한 삶이야? 연신 큰 숨을 몰아쉰다. 나 이제 살림 혼자 다하기 싫다. 사춘기를 이긴다는 갱년기 증세에 안전핀을 뽑아 던지고 싶다.

다섯 식구가 다 모이기가 쉽지 않지만, 독단적으로 가족회의를 강행했다. 내가 좀 힘들어. 다림질, 쓰레기 봉지 버리기, 음식물 쓰레기 비우기, 신발 정리, 화장실 청소, 분리수거, 화분에 물주기, 이 많은 일을 혼자 다 하고 있었어. 그래서 이제 나누어서 하고 싶어. 한 사람이 한 가지만 도와주면 내가 훨씬 수월할 거야. 도와주면 좋겠어.

연장자 먼저 고르기로 하자! 안 돼. 키순으로 하자. 안 돼. 내가 먼저 고를 거야. 아니야. 내가 먼저 고를 거야. 나는 신발 정리! 그거 내가 하려고 했던 거야. 신발 정리 내가 할래. 아니야. 내가 먼저 골랐어. 언니는 딴 거 해.

잠깐! 쉬운 거, 작은 거 하려고 하지 말고 자신이 조금 더 한다는 마음으로 골라주기 바라. 분리수거와 화분 물주기 두 가지 할게!

셋째가 먼저 두 가지를 골랐다. 왁자하던 다섯 식구의 입이 동시에 합죽이가 됐다. 잠시 후, 둘째가 화장실 청소와 신발 정리를 선택한다. 한 번 더 놀랐다. 집안일이라면 손끝도 움직이지 않던 둘째가 화장실 청소를 선택하다니. 화장실 청소가 뭔지는 아느냐고 물었더니 모르지만 그래도 하겠단다. 드디어 신 씨가 다림질과 쓰레기 버리기 두 가지를 골랐다. 남의 편이 아니었다. 평소에 제일 많이 도와주는 첫째가 음식물 쓰레기 버리기를 고른다. 설거지는 자기 먹은 거 자기가 하기.

나는 아이에 대한 애착이 남다르다. 세 아이를 끼고 살고 싶었다. 처음에는 그랬다. 시간이 지날수록 일은 많아지고 버거웠다. 간사한 마음이 발동하여 가족을 원망했고 혼자 살고 싶다고 일탈을 꿈꾸기도 했다. 귀동이 신 씨에게 이것저것 시키려고 시도했다. 한 번도 제대로 도와 달라고 간곡히 청하지 않았다. 그저 화내고 괴팍하게 신경질만 부렸다. 벼르다 청해본 나의 제안에 모두 든든한 원군이 되었다.

신 씨는 군대에서 배운 실력을 발휘하여 아이의 교복을 다린다. 둘째아이는 콧노래를 부르며 현관에 흐트러진 신발을 정리한다. 매일 아침, 신 씨가 출근할 때 온 식구가 일렬로 서서 도열하듯 신발이 두 줄로 나란히 서 있다. 오늘 아침에도 아이들은 늦잠을 자고 신 씨는 가지런한 신발 사이를 지나 출근했다. 당당하게 출근하는 남편의 등을 보며 두 손을 모으고 샬롬!

동상이몽

생일 아침, 싱크대에 담긴 투박한 질그릇을 내던졌다. 폭발한 감정대로 사정없이 그릇을 내리쳤다. 등줄기에 땀이 흐르고 목덜미가 후끈하다. 마음이 부서진다.

올해 들어서 유난히 힘겹다. 나이에 맞지 않게 열정만으로 뛰어다니던 일상이 아버지의 나무지게처럼 느껴진다. 밤이면 잠이 오지 않아 뒤척인다. 날이 새면 일터로 총총 나서는 나는 자주 이마에 식은땀이 맺힌다. 본래 튼튼하지 못한 체력이라 아무도 눈치 채지 못한다. 혼자 끙끙대다 가족에게 도와달라고 호소하지만 번번이 퇴짜 당한다. 나를 시집보내고 힘들어하던 쉰셋 엄마의 그 나이다.

엄마는 나를 시집보낸 후, 아버지와 자주 다투었다. 동생들은 수시로 무서움에 떨었다. 유쾌한 엄마가 난폭해졌다. 엄마는 머리끝부터 발끝까지 마디마디 쑤신다고 하소연했다. 큰 병원에서 검사했지만 병명은 찾을 수가 없었다. 농사일을 하니 통증은 나아질 기미가 없었다. 젊었던 나는 엄마의 아픔을 몰랐다. 꿈에서조차 알지 못했다.

친정에 가면 힘든 시집살이를 털어놓느라 나는 바빴다. 아버지는 허허, 받아 주셨고 엄마는 그까짓 시집살이 뭐 대단하냐며 당신보다 턱도 없다고 했다. 내 시집살이가 세상에서 제일 힘든데 엄마는 당신의 시집살이를 이야기했다. 쌀보다 쑥이 더 많은 죽을 끓여 먹었다는 이야기, 아이 낳고 삼칠 동안 오금도 못 펴고 누워 있었다는 이야기, 층층시하 시할머니까지 모셨다는 엄마의 이야기는 역사였지만 나는 또 몰랐다. 그때 그 이야기가 생일 아침, 내가 깬 그릇처럼 부서져 내리던 엄마의 마음이었다는 것을. 그토록 무디었던가, 엄마의 표정만 보아도 단번에 알아야 할 맏딸이 그걸 몰랐다. 막 결혼해서 남자와 사는 재미에 빠져 있느라 엄마의 고통을 돌아보지 않았다.

어느 날 남편의 모임 자리에 갔다. 함께 자리한 직장 상사는 취기 가득한 슬픈 목소리로 말을 이었다.

잘 들으소. 우리 마누라가요. 나를 벌레 보듯 합니다. 나는 아직 펄펄한 남자인데 말이오. 마누라만 짜증이 나는 줄 아오. 나

는 죽을 맛이오. 확 화를 내다가도 가만히 생각해보니 그게 아니었소. 꽃 같은 나이에 내게 시집와서 내 아이 낳아 다 키워 놓은 늙은 마누라, 이제 갱년기에 나를 멀리한다고 내 욕심만 차리려는 내가 나쁜 놈이었소!

그날 직장 상사의 눈빛과 그 말은 내게 꼭 박혔지만, 남편은 기억조차 하지 못했다.

내가 우리 엄마가 될 수 없듯 남편도 아이도 내가 될 수 없다. 애면글면 키운 내 아이도 늘 나를 좋아할 수는 없다. 엄마의 염치없는 딸이었던 내가, 오늘 아침 딸아이가 버릇없이 덤빈다고 그릇을 깼다. 감정이 흩어진다. 하지만 괜찮다. 그러려니 해야 한다. 그러지 않으면 시시때때로 바람에 날리는 꽃잎처럼 흔들리는 내 마음을 감당할 수 없으려니.

버스야 달려라

하나,

언니가 지키던 통금은 싫다. 귀가 시각 밤 열두 시, 아빠가 일방적으로 만들어 놓은 우리 집 규칙이다. 수능시험이 끝났다. 삼 년 동안 나를 답답하게 하던 밧줄이 풀렸다. 한 달 후면 제 길을 찾아 떠나는 친구들과 헤어진다. 스물네 시간을 함께 놀아도 해갈되지 않을 지경이다.

통금이 나를 옥죈다. 가장 재미있게 놀 시간에 들어가야 한다면 차라리 안 가는 게 낫다. 친구들은 계속 나를 불러냈다. 처음으로 소주를 마신다. 신난다. 뜨겁고 싸한 소주 맛이 신비하고 매력적인 내 앞날의 통로 같다. 자정이 다가온다. 일단 나는 집으로 돌아가야 한다. 시간 맞춰 들어온 나를 엄마가 안아주었다. 휴- 엄마를 안심시켰다.

다음 날 아침, 나는 죄인이 되었고 엄마는 폭군이 되었다. 아침에 내 방문을 연 엄마는 불붙은 폭죽 같았다. 침대에는 긴 인형이 이불을 덮고 내 베개를 베고 누워있었고, 나는 바닥에 앉은 채 자고 있었다. 엄마의 화는 천장을 뚫을 만큼 격했다. 졸음은 쏟아지는데 나를 재우지 않았다. 잠은 밤에 자야 하는 거라고. 나의 스무 살, 통금은 싫다.

둘,

통금은 지키라고 있었다. 절제해야 했다. 통금을 무시하고 놀 만큼 간이 크지 않았다. 그래서 나는 매번 물 먹기 싫은 말처럼 통금을 지켰다. 수능이 끝나자 친구들은 자유의 명찰을 달고 신명나게 지내고 있을 때, 나는 지문이 지워지도록 그림을 그리며 정시 준비를 하고 있었다. 두 시간 안에 신문지 크기의 그림을 완성하느라 새벽까지 그렸다. 집에 돌아오면 축 늘어진 내 몸은 노인 같았다. 원하는 학교마다 도사리처럼 떨어지자 내 방에서 스스로 감방 생활을 해야 했다. 나를 불러내는 친구들의 목소리는 통통 튀고 못 나간다고 대답하는 내 목소리에는 이끼가 끼었다.

집에 들어가지 않았다. 엄마의 전화가 열 번도 더 왔지만, 받지 않았다. 다음 날 엄마는 강제로 나를 끌고 산행했다. 한 시간 동안 한 마디도 않고 걷기만 했다. 정상에 도착해서 나란히 해를 등지고 앉았다. 엄마는 내게 성인이 되었을 때의 행동거지에 관해 이야기했다. 내 귀는 소 귀였고 엄마의 이야기는 불경佛經이었다.

셋,

내 방에는 커피포트와 맥스웰 커피가 윗목에 자리했고 앉은뱅이 책상에는 잡지와 소설책이 가득했다. 봄 내내, 방에서 꼼짝도 하지 않았다. 아버지는 나를 가만히 두고 보았다. 방에서 나오라는 소리도, 함께 일하러 가자는 소리도 하지 않았다. 나는 꾸역꾸역 바람을 삼켰다. 일기장만 쌓여갔다. 햇살이 온 동네 골목을 데울 때도 뒷방에서 문을 꼭 닫고 있었다. 부모님의 마음이 얼마나 아픈지 가늠하기 싫었다. 도회지로 떠나지 못한 나의 절망은 먼지처럼 쌓여갔다.

세상의 봄꽃이 흐드러질 때쯤 내 쓸개도 풀어졌다. 작업복을 입고 아버지가 운전하는 경운기 뒤에 탔다. 비 오는 날만 빼고 들에 나갔다. 고추를 심고 사과밭에 물을 대고 열매를 솎았다. 아버지와 추수를 해서 나락 가마니를 져 날랐다. 나는 세련된 스무 살 아가씨가 아니라 불만을 뿌구리처럼 물고 있는 벌농군이 되었다.

친구를 만나고 싶은 날은 막차로 읍내에 나갔다. 밤새 나이트클럽에서 놀고 첫차로 돌아왔다. 다음 날 머리에 땡볕을 이고 밭

고랑에서 졸았다. 그래도 엄마는 그냥 두고 보았다. 틈만 나면 짬짜미를 도모하던 나의 스무 살, 밤새워 놀고 종일 코피 터지게 일을 해도 다음 날 아침이면 싱싱하게 살아나던 물에 담긴 상추 같던 시절이었다.

나를 닮은 내 아이들이 다 컸다.

첫아이는 다시 공부해서 원하는 대학을 졸업했다. 이제 제대로 한번 달려 보겠다며 하고 싶은 일을 찾아서 새 문패를 내걸었다. 노랑머리를 좋아했던 둘째아이는 엄마보다 친구를 좋아하지만, 언젠가 이 아이도 따뜻하게 웃으며 참한 길로 들어서리라.

스무 살, 돌아갈 수는 없지만, 이 가을 가로수 위에 노을이 내려앉아 아름답듯이 격하게 치르고 지나온 나의 삶에도 붉게 단풍이 든다.

지금 두 딸과 나의 버스는 안전운행 중이다.

기차와 남편

젊은 날, 기관사였던 남편이 새벽 출근하던 날이었다. 단칸방에 자명종 소리가 그치지 않아 머리맡에 있던 전기밥솥 뚜껑을 열었다 닫기를 잠꼬대처럼 했다. 잠들면 누가 업어 가도 모를 만큼 곤했다. 첫아이 낳아 졸면서 젖 물리던 때였을 게다.

삼십 년이 지났다. 우리 부부는 새벽 기차를 타기 위해 자명종 시계를 맞추어 두었다. 알람이 울리기 전에 일어났다. 달걀을 삶고 도시락을 준비했다. 동대구역에서 6시에 출발하는 정동진행 무궁화 열차에 올랐다. 평일이라 그런지 서울행 KTX에 비해 빈자리가 많았다. 남편은 책을 펴고 나는 의자 깊숙이 몸을 묻었다. 정신없이 달리던 일상에서 벗어나 고단한 몸을 누이기라도 하듯 등받이에 어깨를 지그시 대고 눈을 감았다. 기차가 출발했다. 운전하지 않으니 두 손과 두 눈 모두 자유롭다. 묵호역까지는 5시간 반, 책을 읽는 남편의 옆에 앉아 나는 맛문하게 잠이 든다.

명절에도 남편은 근무했다. 나 혼자 아이를 데리고 시댁으로 가기 위해 수없이 타고 내리던 열차다. 동대구역에서 탑리역까지 한 시간 남짓, 아이들은 기차에서 뛰어다니기도 하고 같은 칸에 타고 가는 이에게 가끔 주전부리를 얻어 오기도 했다. 남편 없이 혼자서 아이 둘을 데리고 시댁으로 가던 서러움을 잠시나마 잊게 했다. 열차 안은 그때의 정겨운 기운이 조금은 남은 듯했다. 20년 만에 기차여행을 한다는 노인들은 끽연하듯 술잔을 돌렸다. 우리는 도시락을 폈다. 음식 냄새 난다고 싫은 기색을 보이는 이도 없었다.

봉화역을 지나자 기차는 조금씩 느리게 간다. 한숨을 토해내듯 언덕길을 오른다. 전방의 복병처럼 달려들던 힘겨운 날들이 기차에 실려서 달린다. 결혼 30년, 남편이 철도인이 된 지 34년이다. 신혼 때 숨이 턱에 차도록 힘겹게 올랐던 언덕길을 더디게 올라간다. 훌쩍 뛰어넘어 얼른 쉰의 나이가 되고 싶었던 적이 있었다. 가장 높은 곳, 차창 밖으로 보이는 가파른 협곡 아래 병풍 같은 풍광, 철길과 물길 그리고 숲길이 나란히 공존하는 승부역을 지난다.

나의 동맥 같았던 젊은 날, 뛰어넘고 싶었던 버거운 날의 한 시점을 만난 듯했다. 화물차가 하루에 수십 번 이상 오갔을 정도로 활기찼지만, 태백의 석탄 산업이 사양길로 접어들자 광부들이 떠나면서 지금은 하루에 열차가 몇 번 서지 않는 역으로 바뀌었다. 승부역은 우리 부부가 결혼해서 막 낳은 첫아이와 씨름하며 인생의 쓰고 단맛이 번갈아 휘장을 치던 30대, 그쯤 같았다.

기차는 느리게 승부역과 석포역을 지났다. 도심의 건물 숲에 묻혀 지내던 나는 몸이 정화되는 듯했다. 아무리 둘러봐도 하늘을 찌를 듯이 오만한 콘크리트 건물은 없었다. 그저 잔잔하고 평화로웠다. 엄마를 따라 한나절을 걸어서 들어가던 외갓집에 도착하면 삽짝에서 나를 반겨 안아주던 외할머니 품과 같았다.

배낭을 메고 묵호역에 내렸다. 평소에 재채기를 수없이 했는데 나는 한 번도 코를 비비지 않았다. 하늘은 도시보다 한뼘은 더 높았다. 운동화 끈을 단단하게 조이고 걸어서 다녔다. 묵호시장에서 점심을 먹었다. 작은 도시를 가로질러 벽화가 그려진 굴다리를 지나고 녹슨 수레와 상자가 뒹구는 어시장을 지나면 논골담길이다. 바다와 하늘은 닮았다. 찬물에 잉크를 쏟아 놓은 듯 쾌청한 모습으로 우리를 반겼다.

남편은 올해 철도인으로 마지막 한 해를 보내고 있다. 아이들이 어렸을 때 누군가 아빠의 직업을 물으면 자랑스럽게 대답했다.

"기관사예요!"

기관사가 좋았다. 푸른 제복에 각이 진 모자를 쓰고 기관차를 운전하는 남편은 내가 어릴 때 동경했던 순경처럼 멋있었다. 아침에도 낮에도 출근하고, 저녁에도 아침에도 퇴근했다. 다른 사람이 잠잘 때 기차를 몰았고, 한낮에도 주렴을 치고 잠을 잤다. 우리 가족의 생활 리듬은 남편을 따라가야 했다. 안전을 책임져야 하는 기관사가 직업인 남편은 이따금 힘겨워했다. 사고가 생겼을 때에는 며칠이고 낯빛이 어두웠다. 그의 고초를 다 몰랐던 나는 그저 기관사가 좋았다.

남편은 승진을 위해 공부했다. 쉽지는 않았을 것이다. 기관사로 근무한 지 24년째 되던 해 팀장이 되었다. 아침에 출근하고 저녁에 퇴근했다. 주말에 친구를 만나고 명절에는 가족의 그림을 완성하였다. 우리 가족과 남편 자신을 안전하게 지켰다.

묵호항 논골담길 꼭대기 카페에 나란히 앉았다. 이른 아침 기차를 타고 떠나 이곳 가장 높은 곳에서 하루해를 보낸다. 우리 부부의 결혼생활처럼, 철도인으로 지낸 남편의 34년처럼, 때로는 힘겹고 때로는 슬펐고 때로는 목젖이 보이도록 웃기도 했던 우리의 시간이 열차처럼 철거덕철거덕 지나간다.

반년 남은 남편의 정년. 이곳 카페에 앉으니 산은 이마 높이에 바다는 발아래에 펼쳐진다. 지나는 이에게 사진을 찍어 달라고 부탁한다. 마주 보며 뱉지 않아도 서로에게 건네는 듯한 말, 우리 참 잘 살았지 여보!

다시 정동진을 향해 간다.

가지 마오

잊은 물건을 가지러 가는 것처럼 서둘러 지상철을 타고 도시를 가로질렀다. 타고 내리는 사람들 틈새를 비집고 가방을 끌어안고 자리에 앉았다. 지하철로 갈아탄 후 마지막 역 문양에 도착했다. 처음 온 곳이라 낯설었다. 김밥 한 줄 살 곳도 찾지 못했다. 두리번거리며 산 초입까지 와도 김밥을 살 수가 없었다. 다시 돌아서 걸었다. 우리가 내렸을 때보다 사람들이 늘었다.

역사 옆 쉼터에는 각설이 엿장수가 전을 폈다. 근처 마트에서 식은 김밥을 샀다. 다시 산을 타기 위해 걸었다. 야트막한 산은 편안해 보였다. 더러 노인들도 보였다. 이 정도면 아주 잘 갈 수 있을 것 같았다. 삼십 분쯤 올라가서 자리를 펴고 김밥을 먹었다. 곁에 앉은 노인에게 떡을 나누며 이미 반이라도 온 듯이 가방 속에 든 먹을 것을 비웠다.

초행길이라 거리를 가늠할 수 없어 그저 걸었다. 별거 아닌 듯한 산길은 걸어도 끝이 보이지 않았다. 두 개의 능선에 올라서서야 산수화가 그려진 부채를 펼친 듯한 풍광이 한눈에 들어왔다. 낮지만 수월하지 않은 능선은 소낙비처럼 달려드는 삶의 고비였던 30대 중반쯤일까. 어떻게 살아야 하는지 알았던 40대쯤일까. 남편과 따뜻한 볕을 등에 지고 앉았다. 숨을 들이켰다. 숨을 내쉬었다.

큰 나무 사이로 빛이 쏟아진다. 하찮게 보았던 야산에 이런 광경이 펼쳐지다니. 우리는 마주 보며 참 잘 왔지 하며 웃는다. 그래요. 참 잘 왔어요. 오고 가는 사람이 별로 없는 낯선 산길을 터벅터벅, 발자국 소리만 들으며 걷기도 하고, 옛이야기를 하며 감탄사를 뱉어내기도 한다. 빠르게 걷기도 하고 쉬기도 한다. 산은 낮았지만 길다. 세 개의 등성을 지나서야 반가운 손님처럼 나타난 문양역 지붕이 보인다. 노을빛에 갈대 한 무더기가 풍성하게 흔들린다.

꽹과리와 장구 소리가 발길을 잡는다. 빽빽하게 모인 사람들. 양복을 입고 장구를 치는 남자, 붉은 얼굴을 하고 손잡이로 몸보다 큰 원을 그리며 징을 치는 할아버지, 그 옆에서 절정을 이루는 장단에 사람들은 더욱 신명 나게 몸을 흔든다. 역사 옆 쉼터에서 엿장수 각설이의 노래는 멈출 줄을 모르고 구경꾼은 빠져든다. 남편이 길을 재촉한다. 에스컬레이터를 타고 올라오면서도 그들에게서 눈을 뗄 수 없다. 아직 가지 않은 곳처럼 생소하고 즐겁고 슬프다.

역사 안 풍경에 깜짝 놀란다. 쉼터보다 세 배나 많은 노인이 모여 있다. 무심한 듯 춤을 추는 어른, 손주 걱정이라도 하는 걸까. 몸은 리듬에 흔들리지만 마음은 딴 곳에 있는 듯한 할머니, 앉아서 그저 손뼉만 치는 노인, 목에 핏발이 서도록 색소폰을 불어대는 어른, 가까이 오지는 못하고 멀리서 지켜만 보는 노인. 착 달라붙는 윗도리를 검정 진 바지 속에 넣고 잘록한 허리를 벨트로 꽉 묶은 처자 같은 할머니가 살랑대며 노인들 사이를 누비며 눈길을 끈다. 이방인처럼 구경하자니 민망했다. 서 있기가 불편해서 화장실로 갔다.

'가지 마오 가지 마오 나를 두고 가지를 마오'

벽 저쪽에서 들려오는 노인들의 합창, 간절한 사랑 노래인데 성가처럼 들린다. 한목소리로 높낮이도 없이 부르는 이 노래.

무얼 잊고 살아온 건가. 질풍노도 젊은 날을 지나 노년에 들어선 저들은 지금 무엇을 호소하는 것일까. 자식들 건사하고 이제 치열했던 삶의 뒤안으로 물러난 그들이 설 자리가 여기일까. 아직 남은 무엇이 있어서 이곳에 모여 땀을 흘리며 노래를 부르고 신명 나게 장구를 치고 누가 보든 말든 엿장수 가락에 몸을 맡겨 춤을 추는 것인가.

편하게 한곳을 찾아와 마음을 풀어 놓을 수 있다는 건 얼마나 다행한 일인가. 어른들의 놀이 공간에는 그들만의 편안함이 고여 있다. 높고 낮음과 있고 없음을 평준화시켜놓은 안락한 이 자리. 시니어 카페에서 차를 한 잔 사서 전철을 탄다. 자꾸 고개가 뒤로 돌아간다. 남은 커피와 함께 마음을 거기 두고 온 듯 여운이 남는다.

한 해를 살면서 충분히 즐겁고 좋았다. 다 쓴 한 해 미련 없이 보낼 수 있다. 남편의 나이 예순, 내 나이 쉰여섯. 나를 들여다보고 나만을 위해 살아도 되는 나이다.

이제 잊은 것은 두고 다시 달려볼 때이다.

사람이 온다는 것은

몇 년을 봐 온 청년이지만 똑같다. 말이 적어서 둘만 있기에는 멋쩍기도 하지만 말을 걸면 금방 다정해지는 사람이다. 슈트를 입고 거울 앞에 선 그는 좀 괜찮다. 탄탄한 청년이이서 그렇기도 하겠지만, 그가 사위라는 이름으로 내 집으로 오는 사람이라 촌수 속에 들어오는 모양이다.

그저 얼굴에 '온순'이라고 적힌 청년이기에 참하기도 했고 누구냐고 물어오면 내 아들! 이라고 답하기도 했다. 순하기만 한 그가 사내 기질이 부족해 보여 걱정했다. 그가 딸아이의 든든한 버팀목이 되어 줄 수 있을지 내심 걱정이었다.

어느 날 내가 운전하는 차에 그가 함께 타고 가는 중이었다. 좁은 골목에서 마주 오는 차와 서로 만나 안절부절못하던 때였다. 상대 운전자가 내게 삿대질을 하며 소리를 질러대자 뒤에 앉았던 그가 마른 콩처럼 튀어 나가더니 그 운전자 멱살을 잡으려는 게 아닌가. 나는 사색이 되어 발등을 밟히며 말렸다. 상대 운전자는 여자인 내게 소리를 지르다가 갑자기 나타난 굳센 청년에게 한 방 맞을 뻔했다. 그는 내게 예의 없는 모습을 보여서 죄송하다는 인사를 보내왔다. 나는 그때 '우와! 사내였어'라는 답을 보냈다. 온순한 모습 속에 우뚝 들어서 있는 그의 사내다움이 좋았다.

그는 딸아이와 사귀던 중 어떤 연유인지는 알 수 없지만 헤어졌다. 나는 딸아이가 아픈 게 싫었다. 그만 잊으라고 했다. 사람을 잊을 땐 똑, 소리 나게 잊어야 한다고, 다시는 돌아보지 말 것을 당부했다. 매정하지만 잊었으면 했다. 그가 어떠할지는 알 필요가 없었다. 아이가 다른 사람을 만나 편안하고 행복하기를 바랐다.

헤어진 것이 반갑기도 하면서 한편으로는 걱정이었다. 칠 년이나 사귄 남자를 보낸 아이가 어미에게 한 번도 우는 모습을 보이지 않는다는 건 얼마나 힘겨운 일이었을까. 라디오에서 연인이 헤어져 아프다는 가사의 노래가 나오면 딸아이보다 내가 가슴에 손을 올려놓기도 했다.

그가 아니어도 딸아이가 행복할 수 있을까. 딸아이가 퇴근할 때, 운동하러 갈 때, 출근할 때도 그는 함께 다녔고 그의 취직을 위해 이력서를 쓸 때도 둘이서 이마를 맞대고 고민했다.

딸아이가 그를 조금 잊었을 만할 때, 딸아이의 얼굴에 화색이 돌기 시작했다. 참 다행이었다. 헤어지고 삼 개월쯤 뒤, 서로의 마음이 다져지기 시작했을 무렵이었다. 둘이는 한 마을에 사는 갑돌이와 갑순이처럼 만나는 듯했다. 말릴 수가 없었다. 딸아이가 행복한 일이면 조건은 그 다음이어야 한다고 생각했다.

딸아이는 맏이라 어릴 때부터 늘 양보하는 편이었다. 마음대로 하기보다는 부모의 말을 먼저 받아들였고, 제 생각을 실천하기보다는 부모의 생각을 먼저 챙기는 아이였다. 그래서 그를 몰래 만나고 있었는지도 모른다.

가족여행 중 낙산사 부처님 앞에 엎드렸다. 그날 나의 기도는 조금 달랐다. 그의 취직을 간절히 부탁했다. 그가 자리를 든든히 잡는 일이 곧 내 딸이 행복해지는 일이다. 그의 몸뚱이만큼 든든한 터를 잡기를 빌었다. 누가 들어줄 기도가 아니라도 간절히 원했다. 기도 끝에 나도 모르게 목젖이 뜨끈했다. 가족이 아닌 한 청년의 앞날을 그의 어미처럼 오체를 땅에 내리고 빌었다.

그가 입은 딱 맞는 옷처럼 그의 미래는 모자라지도 넘치지도 않는 딱 그만큼이었으면 싶다. 그리 큰사람을 바라지 않았다. 내 아이의 마음을 달래주고 그의 마음이 평온해지는 그림, 매사에 선하고 풍요로운 심성이면 참으로 좋겠다.

옷을 고른다. 색깔과 모양을 선택하고 튀지 않는 색감과 몸에 꽉 끼어 불편하지 않는, 그렇다고 너무 수수하지도 않은 옷으로 골랐다. 그의 무던한 심성과 온순한 미소를 나타내고 그리 호락호락하지 않은 사내에게 맞는 옷으로 골랐다. 든든하다. 젊은 날 남편의 떡 벌어진 어깨처럼 어떤 짐이라도 거뜬히 이겨 낼 태세다. 튼실한 다리와 밝은 미소 푸른 청년의 얼굴은 나를 들뜨게 하고 또 안심시켰다.

고등어조림 속에 뭉근하게 익은 무를 서로 먹으라고 양보하며 점심을 먹은 뒤 두 사람을 남기고 먼저 나왔다. 걷다가 뒤를 돌아보니 딸아이와 그가 아직도 손을 흔든다. 돌아서지 않고 오래 서서 나의 뒷모습을 지키는 두 사람, 그의 온순한 미래가 함께 오는 것이리라. 내가 사 준 양복을 입고 든든한 모습으로 우리 집으로 그가 온다.

네 번째 / 우정의 숲길

갱년기잖아

무엇을 해도 괜찮을 나이다. 방목 아니라 방치를 해도 좋을 오십 중반, 고향 친구끼리 일박 이일로 모이기 시작한 지 스무 해가 넘었다. 처음에는 친구의 집으로 가서 아이와 함께 보냈다. 집에서도 밥하고 빨래하는데 또 밥을 할 수 없다며 씽크대에서 손을 털었다.

아무것이나 걸쳐도 태가 나던 몸이 가려도 배흘림기둥 같다. 둥실한 허리가 삐죽 웃는다. 하루 외박하며 친구를 만날 수 있다는 설레는 마음처럼 벙근 뱃살을 감출 수가 없다. 뭘 입지? 옷장 문을 열어 놓고 거울 앞에서 폼을 잡는다. 봄 가을 일 년에 두 번, 있는 대로 멋을 내고 만난다. 만날 때마다 새 옷을 사 입고 봄 소풍 전

날 밤처럼 들뜬다.

지난가을 모임을 할 수 없었다. 아기 부처 같은 용화가 추석 지난 후 소식이 없었다. 배가 아프다며 약을 먹는다던 생각이 나서 전화했다. 용화의 목소리에는 울음이 섞여 있었다. 그 작은 몸에 자리 잡은 침략자는 용화를 풀썩 주저앉혔다. 다 내려놓은 듯한 용화의 음성에 섞인 울음은 살고 싶다는 소리처럼 간절했다. 가족을 두고 달려가 그녀를 지켜줄 수도 없었고, 일을 두고 사흘씩 옆에 있어줄 수도 없었다. 먼 거리만 원망하는 내가 친구인가 싶었다. 용화는 씩씩하게 수술을 받았고 젖 먹던 힘까지 보태서 치료를 받았다. 꼬꾸라졌다가 일어나기를 반복했다.

유채꽃이 노랗게 핀 사월에 용화는 머리 모양을 바꾸고 곱게 화장을 하고 나왔다. 여덟 명이 한차에 타고 김밥 몇 줄 먹는 동안에도 숨넘어가게 깔깔댔다. 지금보다 조금 젊었던 날에 모이면 영락없이 가는 곳이 나이트클럽이었다. 누구 하나 팔을 당기지 않아도 용수철처럼 튕겨나가 놀았다. 가족을 버리고 가출한 아지매가 한 맺힌 사연이라도 있는 것처럼 기운이 소진될 때까지 흔들었다. 그렇게 다 풀어놓고 나면 다시 만날 때까지 여섯 달은 거뜬히 살아낼 수 있었나 보다.

노래방에 들어서자 용화는 앉지도 않고 마이크를 잡았다. 목소리는 들떴고 몸은 가벼워 보였다. 어깨를 들썩이고 엉덩이를 흔들며 신나는 노래를 연거푸 불렀다. 고맙다 친구야. 모두 일어났다. 근심은 없다. 사이키 조명이 돌아가고 우리의 몸도 현란했다. 소리를 지르기도 하고 부둥켜안기도 했다. 모르는 사람이 보면 형편없이 타락한 주부 같았을 것이다.

여덟 명의 나이 든 여자는 병아리를 풀어놓은 듯한 유채꽃밭에서 아이처럼 놀았다. 오늘이 여생에서 가장 젊은 날이라고 했던가. 연신 눌러대는 카메라의 셔터 소리는 요란했다. 뛰어오르기도 하고 소리를 지르기도 한다. 남의 이목은 상관없다. 키 작은 용화는 맨 앞에서 두 손을 번쩍 들고 폼을 잡는다. 조금 여윈 듯하던 얼굴에 살이 올랐다. 같이 웃고 있지만 마음을 다 놓지 못한 우리는 말하지 않아도 안다. 오직 한 가지만을 위해 기도한다.

다시 일어나야 해. 우린 이제 겨우 갱년기잖아!

소풍

11월, 우리는 목젖 보이게 웃기도 했고 머리끄덩이를 잡고 뒹굴기도 했다. 초등학교 육 년, 가방이 없는 아이는 책보를 백팩처럼 메고 다녔고 검정 고무신이 닳도록 오 리나 되는 길을 걸어 다녔다. 하얀 고무신은 잘 닳아서 검정 고무신을 신겨 보내던 엄마를 원망하며 학교에서 돌아오는 길에 퍼질고 앉아 아스팔트에 신을 문지르는 공범이 되기도 했다.

강가에 차를 세운다. 자박자박 걸었던 우리가 이제 성큼성큼 걷는다. 강물도 나이가 드는 것인가. 촐촐거리며 흐르던 강이 바쁠 것 없다는 듯 자작하다. 오십 대 중년의 아지매들이 '그때는 그랬지'를 연발하며 왁자하다. 엉덩이를 보이며 몰래 오줌을 누는 용화 곁에서 배꼽을 잡고 웃는 숙이, 나는 뒤에서 카메라를 들이댄다. 웃음소리에 강물이 출렁댄다.

봄 가을 두 번 만나기로 정한 우리는 봄이 올 때까지 기다리지 말자며 모였다. 준비해 온 갖은 나물과 된장찌개, 갈치찌개, 찰밥, 떡국, 과일, 맥주, 먹을 것을 산더미처럼 쌓아 놓고 절절 끓는 방에 훌훌 겉옷을 벗어젖히고 드러눕는다.

넌 눈가에만 주름이 있네. 넌 어쩜 목에는 주름이 없노. 난 허리가 아프다. 난 손가락이 아프대이. 근데 넌 머리 염색약 어떤 거 쓰노. 색깔이 예쁘네! 갱년기인가 봐. 난 잠이 안 온다. 넌 생리 언제 끊어졌어? 이제 우리 늙었나 봐. 그지?

갑자기 경자가 벌떡 일어난다. 경자는 머리카락을 한 올 뽑아서 미숙이 목에 생겨난 좁쌀보다 작은 사마귀를 묶는다. 조금 지나면 물사마귀는 없어질 거라나. 라면땅 한 봉지를 뜯어서 한줌씩 쥐고는 여덟 명이 손바닥을 모은다. 라면땅 속에 든 별사탕 사이로 세월의 금이 숨은 그림처럼 보인다. 누군가 일어나 노래를 부른다. 노래방에서 제각기 부르던 십팔번이 돌아간다. 경자가 '울산아리랑'을 부르고 용화는 젓가락으로 상을 두드린다. 나는 순간을 놓치기 아쉬워 동영상을 찍는다. 고추냉이를 과하게 먹은 듯 감당할 수 없이 콧등이 맵다. 춘예는 눈물을 참지 못해 화장실로 뛰어간다. 경자는 춤까지 추며 울산 아리랑을 다- 불렀다.

한바탕 놀고 난 뒤 나물과 찰밥 그리고 갈치찌개를 차린다. 세상 멋을 다 내고 만나던 우리가 내복 바람으로 앉아 밥을 먹는다. 이렇게 따뜻한 밥은 어디에도 없다. 이렇게 맛있는 밥도 세상 어디에 없다. 경자가 제일 좋아하는 나물밥과 갈치찌개를 목이 메도록 먹었다. 배가 부르다. 꽃 피는 4월에 또 만나자는 약속을 품고, 광명 수원 김해 대구 안동 구미 뿔뿔이 흩어진다.

3월, 3월이 막 시작되자마자 경자의 초대를 받는다. 그는 꽃도 피지 않은 봄날에 우리에게 밥을 준다며 오라고 했다. 동대구역 앞에서 함께 모여 서둘러 경자에게 갔다.

경자는 윤이 나는 밍크 조끼를 입고도 무거운 짐을 들고 가는 할머니를 만나면 짐을 받아 준다. 찹쌀과 맵쌀을 섞어 떡국떡을 한 말이나 빼서 이웃에게 나누던 경자다. 선물하기 좋아하고 받는 건 익숙하지 않다며 주기만을 고집했다.

경자는 따뜻한 밥에 쇠고깃국을 차려놓고 기다렸다. 떡과 잡채 문어까지 준비했다. 사람들이 많다. 낯선 사람도 무덕무덕 앉아 밥을 먹었다. 일곱 명은 경자 앞에 고꾸라지듯 엎드려 통-곡 했다. 경자야….

할 말이 없다. 영정 사진 속의 경자는 아이처럼 웃는다.

하얀 쌀밥이 넘어가지 않았다. 술을 마시며 울다가 옛이야기하며 웃다가 경자와 서러운 마지막 밤을 보냈다. 꽃망울이 맺힌 길목에 자리를 폈다. 젊은 여자, 내 친구 경자의 발인제를 지냈다. 어여쁜 모습만 보여주고 싶어 했고 마지막까지 거울을 손에서 놓지 않던 경자는 한 점 살점도 남김없이 내려놓고 갔다.

초겨울 소풍 때 '울산 아리랑'을 숨차게 부르고 주저앉던 경자는 깔깔대는 우리의 웃음소리를 들으며 얼마나 살고 싶었을까. 오십 중반에 죽음을 문턱에 두고 함께 갔던 마지막 소풍이었다.

고향 뒷산에 경자를 두고 돌아서 걸었다. 그의 딸이 상복을 벗고 무릎이 보이는 갓 스물의 옷으로 갈아입었다. 가만히 안아준다. 또 올 수 있을까.

'봄날에 태어나 따뜻한 삶을 위해 열심히 살았고 봄나들이 떠나다'

이십 인치 텔레비전 화면만 한 묘비만 남기고 경자는 소풍을 끝냈다.

그리고 4월, 세촌2동 소꿉친구 여자 일곱 명은 거제로 왔다. 저녁상을 받아 놓고 웃으면서도 가슴속에서는 눈물 소리가 난다. 여덟 개의 잔을 채운다. 경자가 없다. 경자의 잔에 일곱 개의 잔을 갖다 댄다. 소리를 높인다. 경자야 잘 가라.

노래방에 들어서자 용화가 경자가 즐겨 부르던 노래를 부른다. 어두운 노래방에서 조명 따라 설움까지 흔들린다. 우린 또 이렇게 이가 빠진 동그라미가 되어 소풍 중이다.

무늬

아줌마들이 우르르 관리실로 모였다. 부녀회장과 총무를 뽑고 아파트 부녀회가 결성되었다. 엘리베이터가 겨우 올라갈 만큼 아줌마들이 가득 탔다. 8층에 내리려 하던 내게 '이쁜 아줌마 우리 집에 놀러 가요' 나와 키가 얼추 비슷한 옥녀 씨가 말을 붙여왔다. 반가웠다.

12층 옥녀 씨네 집에 아줌마들이 모였다. 조금 젊고 세련된 아줌마는 주머니에 손을 넣고 잘 꾸며진 집을 눈썰미 있게 살핀다. 식탁에 둘러앉은 여인네들은 목젖이 보이도록 웃기도 하고 주인장 옥녀 씨는 과일이며 차를 내느라 분주하다. 그렇게 사람 좋아하는 옥녀 씨는 하얗고 긴 손으로 달큰한 추어탕을 끓여 코스모

스 아파트 입주 동기생을 통일시켜 버렸다.

여름이면 합판으로 만든 뗏목을 들고 안계 개천지로 갔다. 805호 아저씨는 뗏목 위에서 전사처럼 투망을 던지고, 은경이 아빠와 지예 아빠는 팬티 바람으로 뗏목 모서리를 잡고 물에서 오리처럼 발을 움직였다. 어릴 때 목욕하던 큰 고무통에 붕어를 가득 잡았다. 아이들은 진흙밭에서 분탕질하며 놀았다. 돌아오는 길에 냇가에 모여 불을 지펴 밥을 하고 라면을 끓였다. 어두워지면 자동차 불빛 아래로 모여 밥이 코로 들어가는지 입으로 들어가는지 모르도록 먹었다.

또래 아줌마들이 하나둘 나와 복도식 아파트 난간을 끌어안으면 해종일 그곳에 붙어서 이야기가 끊어질 줄 몰랐다. 드나드는 자동차를 세고 이웃집 장바구니에 무엇이 들어있는지 검사를 다 했다. 아이들은 우르르 누구네 집이건 드나들었다. 먹을 것에 주인이 따로 없었다. 제 어미에게 혼이 나서 쫓겨난 아이는 옆집에서 배를 채우고 폭신하게 잠들기도 했다.

낯선 우리가 만나 거죽에 어룽져 나타나는 모양새로는 그의 속을 알아채기는 쉽지 않다. 삼십대 초반 누구를 살필 여력이 없었는지도 모른다.

송윤아를 닮은 미영 씨는 빨랫줄에서 막 걷어 입은 듯 햇볕 냄새가 가시지 않은 하얀 블라우스를 자주 입었다. 아들 태우가 초등 4학년, 남편 사업과 미영 씨 자신의 건강이 맞물려 서른에 어금니를 악물었을 것이다. 우리는 알지 못했다. 그녀를 덮친 불청객이 미영 씨를 얼마나 혹독하게 후려치고 있는지를. 꾸역꾸역 음식물을 토해내며 견디고 버티는 동안 우리는 일부러 모른 체하지 않아도 몰랐을 나이였다.

아파트 주차장으로 검은 리무진 한 대가 들어왔다. 여섯 살 진기는 양복을 입고 계단 난간에서 미끄럼을 탔다. 나는 그때 8층 난간에 기대어 내려가지도 못하고 꿀떡꿀떡 눈물을 넘겼다. 미숙이 남편은 경찰관이었다. 눈빛이 서글서글했고 친절한 그를 많은 사람이 좋아했다. 미숙의 남편이 검은 리무진에 실려 마지막 인사를 하러 아파트로 들어왔다. 어린 진기의 머리를 쓰다듬듯 한 마리 용처럼 꿈틀거리며 미끄러져 나갔다. 그리고 미숙이에게는 아들 둘만 남았다.

아이들이 컸다. 아파트 입주할 때 내 나이와 같다. 벚꽃이 만개한 봄날 이산가족 상봉하듯이 우리는 혼주의 벗이 되어 모였다.

"연락 자주 못 해서 미안테이. 잘 살고 있었제?"

야위었던 미숙의 얼굴에 살이 올라 보조개가 묻히고 있었다.

그럼! 나 정말 씩씩하게 살았대이. 무식이 용감이라고 정월 초하루에 두 아들 데리고 친정 간 적도 있어! 우리 아들 승기와 진기의 키

가 180이 넘었대이. 언니야, 아직도 가끔 소주잔 앞에 놓고 사이드카 타고 있는 신랑 사진 보며 욕하다가 눈물 찔끔거린다. 진기가 일어나서 사진 뗄까 엄마, 이런다. 진기가 다른 건 다 참아도 우리 엄마 무시당하는 건 못 참는단다. 내 잘 살었제.

여전히 소녀 같은 미영 씨가 맥주잔을 들며 말을 이었다.

그래 언니야. 언니도 참 힘들었네! 내가 수술하던 날 태우 아빠 사업 새로 시작하던 날이었어. 사놓은 감자는 썩어 나가고 배추 싣고 가던 트럭이 언덕을 굴렀어. 어쩌면 그렇게 기가 차게 맞물리는지 몰라. 치료받고 사흘을 토하고 나면 일어설 힘조차 없더라. 죽을힘을 다해 기어서 베란다로 나가면 흙길을 걸어가는 아줌마가 너무 부러웠어. 빨리 일어나서 나도 저기 흙길을 걷고 싶었어. 눈만 뜨면 엄마가 바나나를 내 마른입에 넣었어. 엄마 아니었으면 죽었을지도 몰라. 근데 겪고 나니까 세상이 다르더라 언니야. 약속한 이가 못 오면 그런 모양이다. 그럴 수밖에 없겠지. 친구가 연락 없으면 내가 하면 되지 뭐. 이렇게 되더라 언니야. 우리 태우 이제 장가 간다. 좋은 집도 못 해 주지만 괜찮아. 뭐 어때. 살아 있잖아.

그랬구나. 우리 참 잘 견뎠어. 그땐 우리도 몰랐다. 미영이가 얼마나 아픈지, 미숙이가 얼마나 힘겨운지 생속이라 몰랐다.

시간이 지나고 나서야 미영이가 마흔도 안 되었을 나이에 그 불청객을 만났으니 얼마나 힘들었을까 싶었어. 난 아들 낳기에 온 세상을 다 걸어서 내 것이 제일 힘겨운 줄만 알았네. 내가 늦둥이 아들 낳아 집에만 들어앉아 있을 때, 스스로 나를 따돌렸지. 그때 12층 미애 씨는 늘 언니처럼 나를 찾아왔었어. 미애 씨는 자주 문을 두드려 나와 늦둥이 아이를 밖으로 불러내서 양지쪽에 데려가 주었어. 그날도 여전히 미애 씨는 그래그래 하면서 웃기만 했다. 벚꽃이 눈처럼 날리던 봄밤에 서로를 보듬었다.

제각기 다른 무늬를 그리면서 살아냈다. 얼룩이 지기도 하고 더러는 고운 물결을 그리기도 하며 이십오 년 지기가 되었다. 아이들 혼례 줄지어 치러야 하고 지금껏 살아온 것처럼 또 겪으며 견디며 하루하루를 만들어 간다. 그 어떤 것에도 그리 흔들리거나 절망하지는 않는다. 속 깊이 서로를 들여다보지 못했어도 각기 출렁이는 물결처럼 잘 견뎌왔다.

그때도 좋았지만, 낫살이 지긋이 든 지금 참 좋다, 우리.

다섯 번째 / 기억을 따라

그때는 그때의 아름다움을 모른다

아기를 안고 버스에 오른 새댁이 옆자리에 앉는다. 칭얼대는 아기에게 앞가슴을 풀어헤쳐 젖을 물린다. 감전된 것처럼 내 가슴이 찌릿하다. 아이 젖 물리던 때가 언제쯤이었을까. 늦둥이를 낳아 남들보다 늦게까지 젖내 나는 아이를 보듬었으니 그리 긴 시간도 아니건만 아련하다. 그리움이 물감처럼 번진다.

아이를 낳아 젖을 물리면 세상을 다 품은 것 같았다. 유선을 타고 돌아 나오는 모유는 북적북적 아이 입이 터지도록 넘쳐났다. 무엇으로도 대신 표현할 수 없는 숭고한 몸짓이다. 아무것도 모르던 어린 어미였는데 그때부터 모성애가 시작되었는지도 모른다. 세 아이를 키워내는 동안 모유를 먹인 날수는 아이마다 백일을 넘지 못했다. 첫째는 아팠고 둘째와 셋째는 어미 몸이 부실해서 모유 수유 기간은 백일이 다였다.

스물다섯 살에 첫아이를 낳았다. 임신 중에 늑막염을 앓았던 나는 아이를 낳고도 자리를 털고 일어나지 못했다. 아침마다 한 줌이나 되는 알약을 먹어야 했다. 아이에게 모유를 먹일 수가 없었다. 젖은 불어났고 아이는 칭얼댔다. 목구멍에 떡이 걸린 듯 먹먹함으로 모유 말리는 약을 먹었고 엿기름을 가라앉혀서 앙금까지 마셨다. 순리를 어기는 고통보다 우유병을 거부하며 힘없이 우는 아이를 보는 게 힘들었다. 모유가 한 방울이라도 흘러내리면 또 그만큼 채워진다는 주인집 할머니의 말씀에 이를 물고 참았다. 가슴에 기저귀를 칭칭 동여매서 숨 쉴 때마다 통증이 왔다. 시간이 지나면서 아이는 우유병을 엄마 젖인 양 받아들였고 통통 불었던 젖가슴은 가라앉았다.

아이가 밀어낼 때까지 모유를 먹이고 싶었다. 어디에서든 가슴만 풀어헤치면 아이는 배가 불렀고, 징하게 돌아 나오는 젖줄은 어린 어미를 벅차게 했다. 부끄러운 줄도 몰랐다. 은밀한 신체의 한 곳을 풀어 아이에게 물리던 시간이었다. 철없던 사이사이 거대한 모성이 잠재되어 있었다.

그때는 지금처럼 자가용이 흔치 않았다. 아이를 업고 버스를 타고 다녔다. 보기 좋은 앞 띠도 아니고 의자를 어깨에 얹어 덩그러니 높인 멋진 캐리어도 아니다. 아이 가슴과 내 등이 착 달라붙게 이어주던 포대기는 모자간의 심장을 같이 뛰게 해주었다. 어디에서든 아이가 칭얼대면 등에서 내려 젖을 물리기도 했다. 그때는 그때의 아름다움을 모른다고 하던가. 힘들기만 했던 때가 새롭다.

그때 내 나이쯤의 새댁이 옷깃을 풀어 아이에게 젖을 먹인다. 살아가면서 돌아갈 수 없는 자리는 수없이 많다. 애절한 자리가 아이 젖 물리던 엄마의 자리다. 빨랫줄에 널어둔 긴 기저귀처럼 그리움이 펄럭인다.

젖 먹던 아이는 쌔근거리며 잠이 들었고 아이를 내려다보는 젊은 엄마의 모습에 오래전 내 모습이 겹친다. 창을 타고 들어오는 볕처럼 포근하다.

달구지와 새색시

아버님은 사랑채에서 꿈쩍도 않으셨다. 한더위에도 방문만 열어 두고 부채 한 번 들지 않고 야구를 보았다. 네 살짜리 손녀는 망부석 같은 할아버지 앞에서 똑같은 노래를 열두 번도 더 불렀다. 유행가를 간드러지게 부르는 손녀에게 아버님은 수염이 살짝 움직이는 웃음만 쓱 보냈다.

새색시였던 나는 명절이면 시댁에서 일주일씩 머물렀다. 낚싯바늘에 걸린 물고기처럼 마음은 딴 데 두고 몸만 갔다. 월남치마에 종아리를 감추고 봉당을 쓸었다. 돌아가고 싶은 마음을 걸레에 얹어서 장독대며 부뚜막을 싹싹 닦았다. 그런 나를 아버님은 그저 지긋하게 바라보기만 하였다. 해가 어스름 지면 나는 변소에 앉아 딱 하나 접혔던 손가락을 편다. 오늘 밤만 지나면 간다. 꽃무늬 찻잔이 찬장에 들어있고, 비단 같은 신혼 이불이 장롱에 가득 들어있는 내 집으로 갈 수 있다.

변소에 앉아 몰래 접었던 손가락이 다 펴진 날이다. 기차 시간에 맞추어 나가기 위해 바람이 일도록 서둘렀다. 들어올 때 입었던 한복으로 갈아입었다. 바쁜 마음이 여문 콩처럼 튀는데 아버님은 달구지를 준비했다. 아버님을 닮은 누런 암소는 순한 눈만 껌벅거렸고 타라는 말씀도 없이 쌀 한 말을 먼저 실었다. 나는 양산을 들고 달구지에 올라앉았다. 덥도록 껴입은 한복 속바지에 할머니 쌈짓돈 감추듯 달뜬 마음을 숨겼다. 택시를 부르면 십 분이면 기차역에 갈 것을 달구지를 타고 나가면 기차를 놓칠 수도 있을 텐데…. 펴졌던 손가락 하나 다시 접어야 할까 봐 내 마음은 불안하기 그지없었다.

달구지는 덜그럭거리며 느리지만 바쁘게 달렸다. 숱이 적은 머리에 중절모를 쓴 아버님은 나와 손녀를 달구지에 태우고 평온한 얼굴로 소를 몰았다. 자글거리며 쏟아지는 뙤약볕은 당신 마음 대신하듯 내게로 쏟아졌다. 달구지는 느리고 느렸다. 암소 엉덩이를 한 대 철썩 때려서 걸음을 재촉하고 싶었다. 그런 내 마음은 아랑곳없이 네 살짜리 손녀는 '비 내리는 영동교'를 부르고 또 불렀다.

나이가 들면 내 집 뒷동산도 명산처럼 아름답다는 것을 알게 된다고 한다. 그때 달구지를 타고 한 시간이나 지나왔던 시골 풍경을 기억하지 못한다. 바쁘고 조급한 마음에 가려 그 좋은 풍광들을 다 놓쳤다. 다시는 경험할 수 없는 호사를 모르고 곧은 아스팔트길만 보았다. 그렇게 그 길 따라 빠르게만 달리고 싶었다. 가만히 있어도 시간은 똑같은 속도로 가는 것을.

말씀이 적었던 아버님, 새색시인 나에게 낯설었던 시댁 생활을 감물처럼 배어들게 했다. 명절이면 일주일씩 묵어가던 그때와 달리 하루해 거리로 다녀가는 팍팍한 명절이 되었다. 일부러 걸어보는 시골길. 내 마음 한복판에 달구지를 타고 가던 길을 튼다. 조급증 내던 새색시 시절의 그 마음은 내려 두고 내 나이 마흔 후반, 느림에 대해 알 것 같다.

'천천히 그리고 바쁘게' 모순 같지만 나는 이 말을 좋아한다. 아버님을 닮은 달구지를 탈 수 있는 호사는 나의 새색시 시절처럼 이제 먼 이야기가 되었다.

낮술

그 남자들 틈에 감히 낄 엄두를 내지 못했다. 책을 꺼내서 눈을 가렸다. 이어폰으로 귀까지 막았건만, 어느새 나는 술잔을 받아 들었다.

요양보호사로 어르신을 돌보기 시작한 지 두 해째였다. 어르신에게 딸인 듯 투정을 부리기도 하고 때로는 늦둥이 아들처럼 돌보기도 했다. 조부모와 함께 살았고 열 명은 족히 넘는 대식구 속에서 유년을 보냈던 나는 처음 보는 어른과도 낯가림이 적다. 어르신은 내가 갈 때마다 개량 한복을 꺼내 입고 굽이 높은 백구두를 신는다. 휠체어를 타고 나가지 않으면 오월의 담장에 폭포처럼 걸린 장미도 볼 수 없고, 봄볕에 변해가는 계절을 느낄 수도 없다.

좋은 날씨에 그냥 있기가 아까워 어깨 위에 햇살을 얹어 산책을 나섰다. 공원으로 갔다. 아이들이 모여 놀던 곳에 향기 짙은 찔레꽃 무더기처럼 노인들이 가득하다. 산행하고 등산복 차림으로 나온 육칠십 대 노인, 정치인 좌담회처럼 두 줄로 나란히 앉아 꼿꼿하게 앞만 보고 있는 팔순 어르신, 몸이 불편하여 전동차를 타고 이쪽저쪽을 넘나드는 분. 아이들이 또래끼리 어울리듯 닮은꼴이다. 연륜이 쌓여갈수록 점점 아이가 되어 간다는 말이 지금 이 공원에 그림으로 그려 놓은 듯하다.

어르신은 가지고 온 장기판을 꺼내 함께 둘 분을 찾았다. 두 시간째 장기판을 붙들고 헤어나지를 못한다. 상대하여 주는 분은 어르신보다 훨씬 상수인 듯하다. 장군을 보호하는 졸처럼 어르신의 마음을 어루만지며 친절하게 놀아준다. 세 판 중 한 판은 은근히 져 주기도 한다. 그분은 술상을 준비해 놓은 친구의 권유도 마다하고 장기를 둔다. 같은 노년기를 맞은 분들의 배려가 보살핀다고 나선 나보다 훨씬 깊다. 장기를 둘 줄도 모르는 나는 옆에 앉아서 큰 기교는 졸한테 있다는 주워들은 말만 머릿속에 굴리고 있었다.

이곳에서 내 자리는 불투명하다. 몸 둘 곳을 못 찾고 나는 자리에서 일어났다. 주섬주섬 주변 정리를 하려 했다. 그동안 아무 말도 없던 어르신이 반가운 얼굴로 건네신다.

"이거 한 젓가락 잡사 보소. 허파는 다이어트에 좋고 간은 어지

럼증에 좋다니더. 내가 우리 할마이 입에도 안 넣어 주는 긴데."

어르신은 한사코 내 입에다 허파와 간을 넣어 주려 한다. 한 번도 먹어 본 적이 없는 음식인데 이를 어쩌나. 서먹한 상황을 풀어 보기라도 하듯 툭 뱉은 말이 "소주도 한 잔 주셔야지요." 어르신이 화들짝 반가워한다.

이곳은 다른 세상이 아니었다. 아버지와 농주를 마시던 때처럼, 할아버지께 됫병 소주 부어 드릴 때처럼 그분들과 낮술을 주거니 받거니 했다. 술잔이 몇 순배 돌아가고 나는 할멈이 된 듯하다. 공원 그늘 긴 의자는 술상이 되었고, 오후의 햇살이 안주처럼 내려앉았다. 양지쪽에 차려진 술자리에서 막잔으로 술을 고르듯 설익은 마음을 고른다.

버릇없이 받아 마신 소주에 몸이 나른하다. 그분들은 낮술 한 잔에 살아온 인생에서 가장 치열했던 한순간을 재생하듯 목청이 높아지기도 한다. 이 어른들 틈에서 통성명은 없었지만, 쾌활함과 젊음을 담보로 친구 자리 하나를 얻었다. 처음 발을 들여놓지 않으려고 한 뼘이나 빼고 앉았던 나는 어르신과 낮술 한잔에 바짝 다가앉는다.

이제 돌아갈 채비를 한다. 석양을 따라 집으로 돌아가는 길에 다리가 휘청거리듯 한 생이 흘러간다. 오월 한낮에 어른들의 야윈 어깨 위에 아지랑이처럼 나른함이 내려앉는다. 꿈인 듯 지나가는 생에서 저만치 멀어져가는 젊음이 아쉽다. 나눠 마신 낮술에 슬쩍 취기가 오른다. 어르신을 모시고 돌아오는 길은 술기운으로 쿨렁거렸다. 그분들과 놀았던 한나절은 푸근했다. 받아 마신 몇 잔의 술은 살아가면서 자주, 올곧지 못한 내 마음을 고르게 해 줄 막잔이 될 것이다.

방낮에

대문 앞 텃밭 고추가 시들하다. 아버지가 돌아가신 후 엄마는 아들의 손을 빌려 텃밭 하나 겨우 가꾸고 있다. 주말에 고추밭에 약을 치기 위해 동생이 왔다. 초복을 놓친 나도 딸아이와 함께 엄마에게 왔다. 에어컨을 켜놓고 거실에서 시원스레 뒹굴고 있는데 동생이 불러낸다.

"누나, 약 치는데 줄 좀 잡아 줄래?"

나는 땡볕에 얼굴이 타는 것을 걱정하며 모자와 소매 긴 옷을 찾느라 어정댄다. 그런 내 모습을 본 동생이 낡은 플라스틱 의자와 양산 대신 큰 우산 하나를 건넨다. 의자에 앉아 약통 속 농약의 양을 보기만 하란다. 우산으로 햇빛을 가리고 앉아 약을 들여다본다. 약을 치던 동생이 경운기 기어를 3단으로 올려 달라고 손짓한다. 나는 단번에 알아듣는다.

아버지도 그랬다.

"경희야 경운기 2단으로 올리라."

멀리서 고함을 지르다가 손짓으로 하늘을 향해 쿡 찌르는 시늉을 하신다. 그러면 나는 얼른 경운기 손잡이에 달린 버튼을 2단으로 올린다. 아버지는 더욱더 힘차게 분사되는 농약을 보고 손을 번쩍 들어 올린다. 잘했다는 신호다. 과수원에 약 치는 날은 약통 옆에 붙어 앉아서 농약을 들여다보고 줄을 잡아당기는 게 내 일이다. 경운기의 털털거리는 소리를 한자리에 앉아 족히 한 시간은 듣는다. 노란 약 줄 주름 사이에 검은 때가 줄무늬 같다. 농약은 경운기 소리에 장단을 맞추듯 출렁거리며 약줄을 지나 대나무 장대를 통과하고 사과나무로 분사되었다.

낡은 와이셔츠를 입고 헌 넥타이로 허리를 질끈 묶은 아버지는 허리끈 사이에 약줄을 넣고 한 번 더 묶었다. 아버지의 마른 허리에 매달린 약줄을 따라 농약은 달렸다. 당신의 키보다 큰 대나무 약대를 들고 사과나무 사이로 바쁘게 뛰었다. 때로는 줄이 꼬여 자빠지기도 했다. 곡예사 같았다. 고무신이 벗겨져 맨발이 되어도 아버지는 분수처럼 뿜어내는 대나무 약대를 놓친 적이 한 번도 없었다. 아버지의 손에서 약대가 허공을 휘적거릴 때 빛을 받아 분사되는 농약에서 무지개가 휘장 칠 때도 있었다. 농약은 아버지의 코로 입으로, 사과나무 잎에 하얗게 자국을 내며 앉았다. 그렇게 아버지는 달리기 선수처럼 과수원 사이를 누비며 뛰었다. 나는 통 옆에 앉아 폭닥폭닥거리며 빠져나가는 하얀 농약을 들여다봤다. 코로 솔솔 들어오는 싸한 농약 냄새를 맡으며 무릎에 턱을 괴고 꼬박꼬박 졸기도 했다. 알사탕처럼 달콤한 토끼잠은 아버지의 고함에 깜짝 놀라 깨기도 했다. 졸다가 풀잎에 올라앉은 연녹색 새끼 개구리를 잡았다가 놓아 주기도 했다.

서 말의 농약을 텃밭에 치고 있는 동생의 모습은 아버지와 같다. 키는 아버지보다 두 뼘이나 더 크지만 허름한 남방과 빛바랜 밀짚모자를 쓴 그는 아버지의 아들이다. 신식 약대는 분사량이 열 배다. 한 손으로도 약을 친다. 작은 텃밭의 고추나무는 약대에서 분사되는 농약에 밀려 운동회 때 편을 갈라 줄다리기하듯 한다. 무더기로 흔들린다. 고추가 열리기 시작한다. 더러는 붉게 익은 것도 있다. 고추밭에 약을 치는 동생을 따라 나도 스무 살로 돌아간다. 그때 아버지의 나이 마흔 후반, 지금 내 나이보다 젊다.

한여름의 하루, 엄마를 만나러 왔다가 스물의 나를 만난다.

박실

박실은 지금도 산길을 십 리나 걸어 나와야 버스를 탈 수 있다. 외할머니의 허리처럼 굽은 흙길은 말끔한 시멘트 길로 바뀌었다. 못을 막 지나면 외갓집과 장승처럼 서 있던 호두나무가 보였다. 외가에서 모퉁이를 돌아 나올 때 어김없이 호두나무 아래까지 짝지 짚고 나와 배웅하던 외할머니의 모습은 애써 그리려 해도 희미하다. 스무 살 적에 드나들었으니 족히 서른 해 가까이 되었다.

비 오는 날, 땅 사러 온 부동산 업자처럼 박실마을을 기웃댄다. 어린 내게 그곳은 커다란 동네였다. 엄마가 처녀 적 빨래를 했을 작은 도랑을 지나면 바로 외가였다. 해가 지면 뒤란 자두나무가 귀신으로 둔갑해서 걸어오는 듯하고 돌담이 덩치 큰 짐승처럼 보여 혼자서는 변소도 못 갔다. 외할머니는 녹차 냄새가 나는 쇠죽솥에 군불을 땠고, 나는 그 옆에 옹송그리고 앉아 부지깽이로 솥뚜껑에 그림을 그렸다. 지나는 이가 돌아보면 우물가며 부엌이며 안방까지도 한눈에 다 보였다.

엄마는 외가에 자주 나를 보냈다. 당신은 층층시하 시집살이하느라 갈 수 없으니 나를 대신 보내셨을 게다. 숯검정 같은 외가의 부엌 천장에 거미줄이 둥둥 걸려 있었고, 그 부엌에서 큰솥에 밥을 안치고 옹달솥에 국을 끓였다.

"우리 희, 에미 닮아서 밥도 잘한다."

외할머니 칭찬을 들으면 신이 나서 요리사가 되는 기분이었다. 왜 이곳에서 밥을 지어야 하는지 이유도 모른 채 착하게 말을 잘 들었고 귀가 어두운 외할머니랑 며칠씩 지내다 오곤 했다.

돌박이 철우는 엄동설한 핫이불 같은 엄마 품을 잃고 박실로 왔다. 겨우 돌 지나 아장걸음을 걷던 철우는 마른풀 내 나는 노할머니 품에서 컸다. 귀가 어두워 불러도 돌아보지 않는 노할머니에게 종종 걸음마로 따라다니던 어린 왕자였다. 세상 물정이라고는 알 턱이 없는 어린 녀석은 밥숟갈만 놓으면 쥐 발 같은 손으로 하얀 약봉지를 들고 와서 노할머니의 손에 얹었다.

"그눔 개보다 낫구먼!"

할머니는 철우의 엉덩이를 토닥이며 키웠다. 천장 높은 외가의 사랑채에서 쪽진 머리가 양파 같았던 외할머니가 생의 끝자락에서 샘물 같은 정을 철우에게 퍼부었다.

어릴 때 나는 마룻바닥에 배 깔고 발뒤꿈치를 하늘로 치닫게 하고 연필에 침을 묻혀가며 편지를 썼다. 구구절절 받아 적은 편지는 어머니가 친정 피붙이에게 보내는 그리운 연서였다. 도시로 나가 직장에 다니던 외사촌 오빠는 어머니가 가장 아끼는 장조카다. '윤호 보아라' 편지 내용은 어머니가 외던 구전 가사보다 구수하게 터져 나왔고, 나는 어머니가 불러 줄 다음 구절이 솔깃하고 궁금해서 재바르게 받아 적었다. 편지를 부치고 나서 일주일 후면 어김없이 답장이 왔다. 처음 쓰기 시작한 편지는 그렇게 대필로 시작했다.

엄마가 그리워하는 친정 피붙이가 하나둘 외가를 떠났다. 시집을 가기도 했고 대처로 나가기도 했다. 외할머니도 당신의 옷을 태운 연기와 나란히 떠났다. 엄마는 외할머니 상을 치르고 돌아와 곡소리보다 더 큰소리로 코를 풀었다.

엄마는 일흔에 찾아간 친정집에 헌 냉장고며 장롱이 그대로 남은 게 보기 싫어 울면서 돌아왔다고 한다. 울도 담도 없었던 외갓집에 담이 생겼고 대문이 생겼다. 그리고 무겁게 잠겨 있었다. 양철 두레박으로 퍼 올린 샘물로 외삼촌이 등물하던 깊은 우물도 뚜

껑이 닫혔다. 우물가에 잡초가 철우 키만큼 자라 있었다.

나의 외가는 비밀의 정원처럼 아득하고 먼 곳이다. 비 내린 오후, 나는 박실을 보고 왔다.

지나가는 이야기

외제차에서 젊은 여성이 내리더니 아이를 유치원에 들여보낸다. 말쑥하게 차려입은 사람들이 출근한다. 조금 뒤 또 다른 젊은 여성이 검은 봉지를 실은 손수레를 끌고 빠른 걸음으로 지나간다. 평온한 아침, 내 이름을 걸어 놓은 도예 공방에 앉아 거리의 풍경을 읽는다.

부업 보따리를 참 많이도 날랐다. 워낙 없이 시작한 살림이라 늘 오금이 저렸다. 한 달 내도록 외식은 없었다. 서문장 난전에서 만 원짜리 아이의 외투 하나를 사면 삼 년은 입혔던 것 같다. 소매를 한 뼘이나 접어 꿰매서 입혔다. 몇 달씩 동전을 모아 원피스를 사 입혔다. 여식애라 파마도 해주고 싶었지만, 저금을 하고 나니 쓸 돈이 별로 없었다. 그나마 부업이라도 하면 아이에게 나이아가라 파마도 해주고 빨간 에나멜 구두도 사줄 수 있었다. 부업은 내 가계부의 숨구멍이었다.

단칸방에 살 때 쪽문을 열고 나가면 골목 끝집이 밤 부업을 맡아 나누어 주던 집이었다. 아침이면 그 집 앞에 퉁퉁 불린 밤 자루가 쌓인다. 동네 아줌마들은 줄줄이 와서 밤 포대를 골라간다. 다 거기서 거기일진대 좀 굵은 놈이 있나 싶어 포대를 이리저리 굴려 가며 골라서 싣는다. 온종일 한 번 일어서기도 바쁘게 다섯 포의 밤껍질을 까면 만 원이나 되었을까. 두 아이를 데리고 나는 참말로 죽자고 밤껍질을 깠다.

밤은 한 철이라 사계절 부업을 찾았다. 봉투는 전개도만 가져다주면 접어서 풀칠하고 만든다. 하루에 천 장을 접었다. 주인댁 이층 계단 아래 접은 봉투를 차곡차곡 시루떡처럼 쟀다. 부업 거래장에 돈이 쌓였다. 한 달이면 십만 원인데 월급 받는 것처럼 신났다. 서푼이지만 콩나물 한 봉지라도 내가 번 돈으로 사는 게 대견했다.

성실한 남편이 밤낮없이 일해도 작대기 괴지 않은 지게처럼 힘겨운 살림에서 쉬이 벗어나기가 힘들었다. 그렇다고 남편의 직업이 부실하지는 않았다. 혼자 벌어 살아내야 하니 그의 등짐은 무거웠고 어깨도 자주 흔들렸을 것이다. 나는 누가 뭐라는 것도 아니었지만 절로 주눅이 드는 게 부업 보따리 들고 오는 일이었다. 아무리 당당하다고 외쳐대도 내 손은 핸드백 대신 부업할 물건이 들려 있었고, 고급 승용차 대신 끌개를 끌었다. 부끄럽지 않았지만 부끄러웠다. 나의 새댁 시절을 그림으로 그린다면 그중의 반은 부업하는 풍경이다.

빚도 없고 남편의 월급도 많아졌다. 스물네 살에 시집와서 쉰이 될 때까지 내 손에는 푼돈 버는 부업거리가 무엇이든 들려 있었다. 분에 넘치도록 돈을 가질 마음은 없었다. 내가 하고 싶은 것을 할 수 있었으면, 배우고 싶은 게 있을 때 재지 않고 선뜻 교육비를 낼 수 있었으면, 그게 다였다. 많은 시간을 저금하고 더 많은 시간을 견뎠다. 나는 골목 어귀의 참한 공방 주인이 되었다.

창밖으로 보이는 풍경 하나, 참하다. 검은 봉지를 손수레에 싣고 바쁘게 걸어가는 젊은 여성은 부업한 돈으로 무얼 할까. 그녀가 배우고 싶었던 한 가지를 위해 차곡차곡 쌓고 있을까.

지나가는 이야기다. 그녀에게도 나에게도.

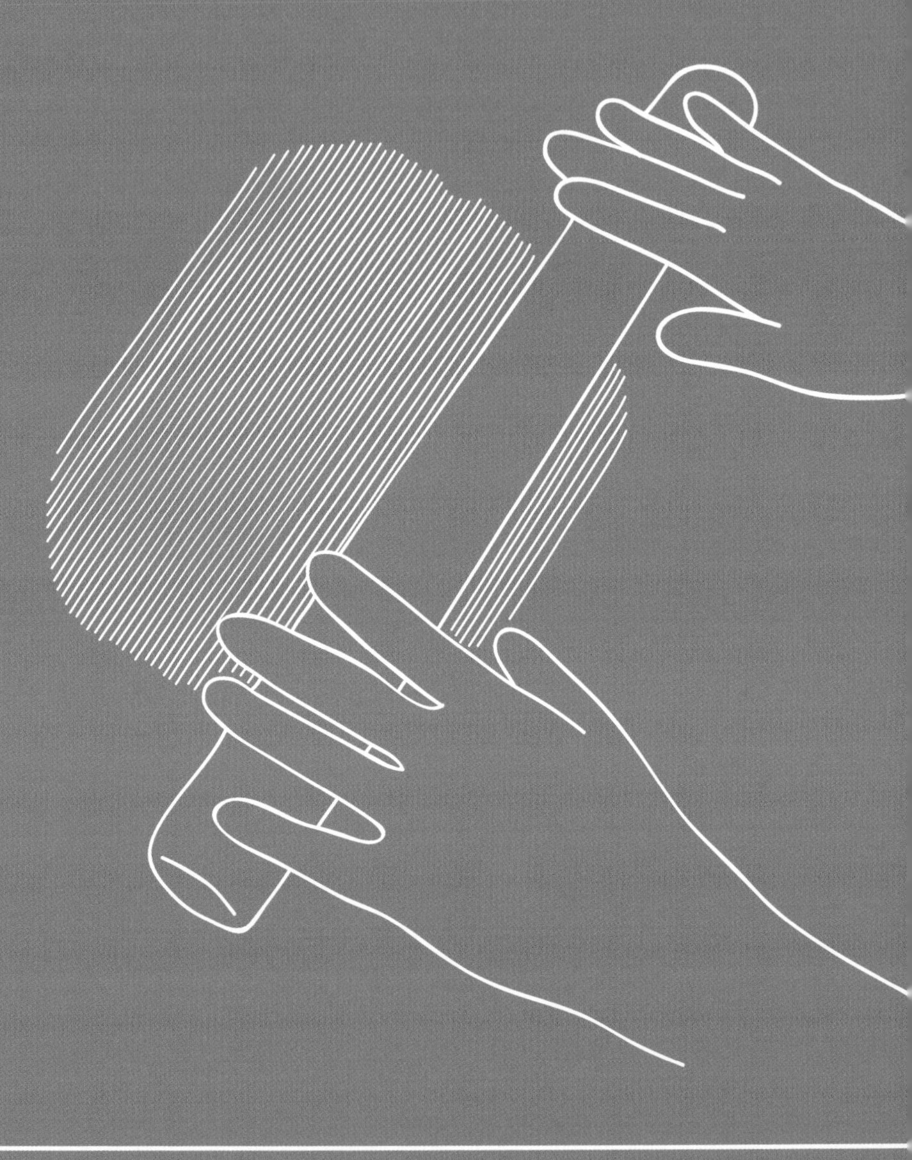

여섯 번째 / 천천히 그리고 바쁘게

하루

강물 같은 하루가 밀려온다. 라디오를 켜고 창문을 연다. 베란다로 나가 쪼그리고 앉는다. 화분에 물 빠지듯 흘러갈 하루를 시작한다.

좁은 베란다 귀퉁이에 쥐콩만 한 작업실 손물레 위에 무른 흙으로 빚다 만 찻잔이 마르고 있다. 잠시 만져두고 나가야지 하다가 훌쩍 놀란다. 남편과 아이들의 아침상이 바쁘다. 라디오에서 흐르는 클래식은 오늘 하루도 천천히 가라는 듯 잔잔하다.

남편과 아이들이 빠져나간 시간, 서른 평 공간이 온통 내 것이다. 빨래 헹굼제에서 나는 향이 온 집안에 내 마음처럼 풀풀 날아다닌다. 책을 읽을까, 글을 쓸까. 빚다 만 그릇을 만들까.

자전거를 타고 나선다. 이어폰으로 라디오를 들으며 노란 자전거를 타면 세상은 뮤직비디오다. 선글라스와 장갑 그리고 라디오와 자전거는 나의 일과에 맨 먼저 와서 줄 서 있는 물건들이다. 자전거 뒤에 빚은 그릇을 싣고 도예공방으로 간다. 차보다는 천천히, 걷는 것보다는 조금 빠르게 가는 자전거를 나는 좋아한다. 왁자한 공방에 들어서면 그곳에는 버선발로 반기는 육십대의 고모 같은 언니가 있고, 오십대의 숙모 같은 언니가 있어 정겹다.

"경희야 오늘 시간 얼마나 있노?"

"나 두 시간 있어요. 언니."

숙모 같은 언니는 무른 흙을 돌돌 말아 자꾸 내 앞에다 갖다 놓는다. 나는 물레를 돌려가며 뚝딱뚝딱, 공기를 만들고 접시를 만들고 장물 종지까지 만들어 낸다. 내가 쓴 두 시간으로 언니의 밥그릇이 열 개가 된다. 툴툴 손을 씻고 나선다.

오늘 하루도 고생하셨습니다. 라디오에서 나오는 진행자의 멘트는 내 것이 아니다. 남편과 아이들의 몫인 것 같다. 아침상보다 느긋하게 저녁상을 차린다. 제각각 들어오는 가족이지만 메뉴는 한 가지다. 저녁상을 물리고 남편과 아들이 운동 가고 공기마저 온전히 내 것이다.

작업실에 앉아 전등과 흙 묻은 라디오를 켠다. 아파트 입구가 한눈에 보이는 자리다. 차들이 줄줄이 주차장을 차지한다. 여름밤 기온 낮은 바람이 들어와 어깨 위에 앉는다. 해 지는 시간은 하루 중 내가 가장 좋아한다. 작업실에 앉아 저녁 불빛을 본다. 찻잔에 손잡이를 달고 민들레 한 송이를 새겨 넣는다. 혼자 노는 시간이 많을수록 생각이 많아진다. 민들레는 저 혼자 어디에서도 잘 산다지, 아마.

좀 빠른 걸음으로, 좀 느린 걸음으로. 삼십 분에서 한 시간 동안 거의 매일 저녁 강변을 걷는다. 마실 나온 듯 걷는 사람들이 더러 있다. 늘 보던 사람, 처음 보는 사람. 그들도 매일 쓰는 일기처럼 걷는 것일까. 땀 나게 걸으면서 머릿속 일기장에 내 하루가 얼마나 쓸모 있었을까 적어본다.

여울물 같은 하루가 흘렀다. 숨가쁘게 살아가는 어느 날, 모든 걸 놓고 양지바른 호숫가 뭉특한 둑으로 가고 싶다. 별을 등에 업고 앉아 물빛을 내려다 볼 것이다.

하루, 매순간 느리지만 뜨겁게 살고 싶다.

가짜 대학생

해 질 무렵, 일상에서 잠시 비끼는 시간이다. 버스와 지하철을 번갈아 타고 늦으면 더러 뛰기도 한다. 꿈만 꾸고 생각만 품다가 이제 막 한 발을 담근 곳으로 향한다. 열아홉 살로 돌아간 듯하다.

고등학교를 졸업한 그해 봄, 아버지가 뒤주를 고쳐 만들어 준 방에서 나는 꼼짝도 하지 않았다. 살구꽃이 피고 비닐하우스에 뿌려 놓은 고추 모가 떡잎이 날 때도 밖으로 나오지 않았다. 사랑방에서 여식애가 대학은 가서 뭐하느냐고 소리 지르던 할아버지와 뒷방에서 대학교 안 보내준다고 우는 나 사이에서 아버지는 가만히 두고 보기만 하셨다.

대학에 가지 못한 아쉬움을 삭이기는 쉽지 않았다. 틈만 나면 도시로 나가고 싶었고 옆구리에 책을 끼고 캠퍼스를 걷는 상상을 수없이 했다. 머릿속에는 온통 도시 속을 헤집고 다니느라 바쁘고 슬펐다. 스무 살, 친구들과 미팅을 하는 그곳에 같이 있고 싶었다.

언제부터인가 아버지 경운기 뒤에 타고 있는 나는 활기를 찾고 있었다. 봄엔 고추 모를 심었고 여름엔 고추를 따서 말리는 작업을 지금도 줄줄이 꿰고 있을 만큼 잘 따라 했다. 사과나무에 꽃이 피고 열매가 맺으면 긴 다리로 원숭이처럼 나무 꼭대기에 올라가 이쪽저쪽 가지를 건너다니며 적과했고, 가뭄이 오면 간절히 비를 기다리는 시골 처녀였다. 가을볕에 발갛게 익은 반듯한 사과보다는 벌레 먹은 사과를 골라 먹는 천생 농사꾼이었다.

포리스트 카터의 『내 영혼이 따뜻했던 날들』에서 작은 나무가 인디언 할아버지를 따라다니면서 체험을 통해 자연의 이치를 알게 되고, 방물장수에게서 시계 보는 법을 배우고, 저녁마다 할머니가 읽어주는 책으로 세상을 배우듯이 나는 또래친구들이 대학 다니는 그 기간만큼 아버지와 딱 네 해 농사를 지었다.

그리고 스물네 살에 농촌 생활을 툴툴 털고 도시로 시집왔다. 몇 해 후에 아버지는 친정 온 내게 완고하신 할아버지 영을 따라 학교에 보내 주지 못해서 미안하다고, 마음이 아팠노라고 하셨다. 철이 들었던 것일까. 대학에 가지 않고도 아버지와 함께한 그

동안이 가장 아름다웠노라 대답했다. 정말 그랬다. 늦여름 고추밭에서 보던 노을만큼 아름다운 풍경은 지금껏 본 적이 없다. 아버지가 져 나르던 나락 가마니를 내 등에 얹어서 뒤주까지 가는 동안 발이 떨어지지 않아 발발 떨던 때도 좋았다.

지금도 학벌은 더러 나를 주눅 들게 한다. 최종학력란의 고졸에 동그라미를 그려놓고 후회가 밀려왔고 학부모 모임에서도 나이 대신 대학교 학번을 물어 올 때 또 한번 자존심이 슬쩍 상한다. 대학은 늘 동경의 대상이었다.

목요일엔 나도 대학교에 간다. 수필을 배우기 위해 수강한 지 일 년이다. 이곳에서는 대학 풋내기가 된다. 마흔 넘어 배지를 달지 않고도 대학 교문을 들어서는 나는 가슴이 마구 뛴다. 스무 살 새내기가 된 것 같은 착각을 하고 동아리 홍보판을 기웃거려도 보고 나무 의자에 앉아 지나가는 학생들이 친구가 되는 공상도 한다. 남자친구를 데리고 와서 같이 교정을 걸어보고 싶기도 하다. 감았던 눈을 뜨지 않으면 정말 반듯한 여대생이 되어 버릴 것만 같다.

내일은 설레는 목요일이다. 수필아카데미는 나를 진짜 대학생으로 만들어 주었다. 높은 학벌을 그리며 목을 빼는 대신 조금씩 배우는 것을 멈추지 않을 생각이다. 어설프게 한 발을 디딘 그곳에 나는 남은 한 발을 밀어 넣는다.

꽃이 된 날에

꽃이 줄지어 피는 사월, 내가 만든 도자기는 이름을 얻었다.

'글 그리고 밥그릇 만드는 사람'

내가 낳은 아이처럼 색색의 옷을 입고 전시장에 나왔다. 주황빛 머플러를 길게 늘어뜨리고 작품 옆에 섰다. 황색 단지에 붉은 명자꽃을 꽂았다. 전시회에 꽃이 많으면 작품이 살지 않는다지만, 한 번쯤은 명자꽃처럼 곱게 피어나고 싶었는지도 모른다.

한 달이면 쓸 만한 그릇을 만들 수 있다기에 선뜻 수강료를 내고 도자기를 배우기 시작했다. 나를 위해 쓸 수 있는 돈은 생활비 속에 없었다. 대단한 투자나 하는 것처럼 뭉텅이 돈을 내놓

듯 손이 오그라들며 수강료 십만 원을 냈다.

무른 흙을 손물레에 올려놓고 만지기 시작했다. 물레 위의 흙이 휘청대면 진땀을 흘렸다. 석 달이 지나도록 도자기는 반듯해지지 않았다. 잠시 한눈을 팔아도 비뚤다. 다독이고 만져주며 아이 키울 때처럼 빠져들었다.

아이 셋을 키우며 도예를 취미로 하기에는 살림이 넉넉지 못했다. 어설프나마 만든 도자기를 팔았다. 지인들의 입이 길이 되어 쉴 새 없이 만들 수 있었다. 하나를 주문 받으면 두 개를 만들었다. 반듯하면 반듯해서 좋아했고 비뚤면 비뚤어서 멋있다고 했다. 아이를 키우면서 재롱을 보고 대견함을 보듯, 기물이 나올 때마다 빛깔이 다르고 모양이 달라 그 재미가 얼마나 쏠쏠한지 매번 설레었다.

두 해가 지났다. 아파트 베란다에 헌 책상을 놓고 작업실을 만들었다. 책장에는 기물을 말리고 서랍에는 도구를 넣었다. 그럴싸한 작업실이 되었다. 6층 우리 집 베란다는 어느 분위기 좋은 찻집보다 고요하고 기품 있는 곳이다. 라디오를 들으며 유월의 신록을 볼 수 있으며, 한 평도 안 되는 곳이지만 스무 평만 한 작업실이다.

이곳에서 기물을 만들어 가마가 있는 공방으로 가지고 간다. 상자나 바구니에 기물을 넣어 자전거 뒤에 싣고 공방으로 가져가 소성하고 다시 집으로 옮겨온다. 시유하는 날은 아침 일찍 자전거에 모터라도 단 것처럼 달려야 했으나 고단한 줄도 몰랐다. 코를 골기 시작한 것도 이때부터였다. 도예를 한 십 년 동안 항상 모자를 쓰고 바지를 입고 장갑을 끼고 자전거를 타고 다녔다. 겨울에는 목도리까지 했다.

욕심이 생겼다. 전공자만 할 수 있는 영역이라 생각했던 전시회를 해보고 싶었다. 학부가 아닌 체험만으로도 할 수 있다는 걸 확인하고 싶었다. 두 해 동안 목표를 세우고 이야기를 만들었다. 기물이 무거워도 자전거 뒤에 싣고 신이 나게 페달을 밟았다. 에너지가 분출되는 듯했다. 어떤 날은 제대로 묶지도 않고 달려서 길바닥에 패대기칠 때도 있었다. 전시회가 다가오자 기물이 점점 많아지기 시작했다. 거실에도 안방에도 아이 방에도 작품이 쌓여갔다.

아버지와 함께 농사짓던 생각을 하며 똥장군을 만들어 '봄'이라는 제목을 붙였다. 주전자와 잔을 만들어 '주안상'이라 했고 찻잔을 만들어 '정'이라 했다. 꽃단지와 거북이, 무릎을 끌어안고 앉은 작은 인형들, 내 머릿속에서 툭툭 튀어나온 생각으로 빚은 작품들이다.

엄마는 하얀 장갑을 끼고 생전 처음 오색실을 잡고 섰다. 더러 누군가의 찬조로 나는 호사를 누린다. 빠듯하게 겨우 한 됫박을 베풀면 금방 말로 돌아오기가 허다하다. 오늘 이 호사도 지인들이 풀어준 마음으로 어우러진 전시회다. 목젖이 뜨끈해진다. 꿀꺽꿀꺽 정확하지 않은 발음으로 인사를 한다.

엄마를 닮은 손재주와 고마운 당신들 덕분에 오늘은 제가 꽃이 된 날입니다.

일곱 번째 / 빚고 싶은 건 다 빚는

강물 같은 하루가 밀려온다
라디오를 켜고 창문을 연다
베란다로 나가 쪼그리고 앉는다
화분에 물 빠지듯 흘러갈 하루를 시작한다

내 주위에는 좋은 사람이 아주 많다
돈을 버는 것보다
좋은 사람 곁을 얻는 일이 나는 더 좋다
사람들 덕분으로 일상이 풍요롭다

사랑하는 사람에게 할 수 있는 최고의 표현은
살아있는 것이다

스무 살, 돌아갈 수는 없지만
이 가을 가로수 위에 노을이 내려앉아
아름답듯이 격하게 치르고 지나온 나의
삶에도 붉게 단풍이 든다

빵 한 조각 떼어 입에 넣고 커피 한 모금을 마신다
그리고 책장을 넘긴다
나의 영혼이 어느새 따라와
옆자리에 앉아 턱을 괴고 웃는다

나이가 든다는 것은 얼마나 다행한 일인가
아침에 속이 상해 하루 종일 아무것도
할 수 없을 것 같다가도 일터로 나와
왁자하게 어울리다 보면 속상한 일은
어느새 까맣게 잊어버린다
총기 없고 어설픈 내가 이때는 얼마나
요긴하게 쓰이는가

기관사가 좋았다
푸른 제복에 각이 진 모자를 쓰고
기관차를 운전하는 남편은 내가 어릴 때
동경했던 순경처럼 멋있었다
아침에도 낮에도 출근하고
저녁에도 아침에도 퇴근했다

나의 미혼 시절은 향수보다는
거름냄새를 더 많이 맡고 지냈다
봄날 화분 앞에 쪼그리고 앉으면
거름냄새가 나는 듯하다
탈탈, 경운기 소리도 들리는 듯하다
파란 강물 같던 처녀 시절
아침에 일어나면 고단함이 한 점도 남아 있지 않았다

'생은 길섶마다 행운을 숨겨두었다'
니체가 한 말이다
나는 그의 말을 따라 날마다
행운을 찾아내며 살고 있다
오늘도 좋은 날!

지성으로 가득찬 눈빛
초식 동물이지만 힘이 센
힘이 세지만 힘자랑하지 않는
한 번 보면 기억하는 똑똑함
가죽이 두꺼워 상처를 잘 받지 않는
풍요와 축복을 의미하는
코끼리를 나는 참 좋아한다

엄마의 이야기를 듣고 있던 나는
어느새 섬집 아기처럼 잠이 들었다
잠결에 봉지 여미는 소리가 들린다
눈을 떠보니 엄마는 돼지감자 말린 것
잘 말린 황기 한 줌
내가 오기 전에 새벽같이 뜯어 온 봄나물 한 줌
미나리 한 줌 봉지봉지 싸느라 부산하다
조금 더 자거라는 엄마의 말에
나는 이제 가야지 하며 주섬주섬
엄마의 아쉬움을 쓸어 담듯
봉지를 챙겨서 돌아왔다

아직 엄마를 다 알지 못하는 맏딸이
엄마의 침대에서 슬며시 잠이 들더라도,
숨 가쁜 일상을 내려 놓고
엄마와 함께 밥상을 앞에 놓고
밥이 식도록 이야기를 나눌지니

꽃집 주인 여자가 되고 싶었다
그래서 늘 꽃 속에 파묻혀 지내려 했던 적이 있었다
수많은 날이 지났다
내가 빚은 도자기에 꽃을 꽂아서 팔기도 한다
꽃집 주인이 되고 싶었던 그 꿈을 조금 이룬 건가
배추 사러 갔다가 꽃을 사오던 새댁이었던 내가
이제 중년이 되었다

인둣불 같은 열정은 없지만 가진 것을
가지고 놀 줄 아는 나이가 된 게지요
젊음의 문을 나서며
소소한 나의 행복에 틈이 생길까 하여
욕심의 문을 잠급니다

여덟 번째 / 지금 나는

굴통이

공방 앞에 세워둔 배너가 휘청 넘어진다. 가게 앞 주차를 막기 위해 세워두었던 배너는 수없이 넘어지고 부서진다. 이제는 아예 제대로 세워지지도 않는다. 또 넘어진다. 승용차 한 대가 멈췄다. 뛰쳐나갔다. 차 앞에 다가서자 운전자는 창문을 내리고 내다본다.

"차 세우고 얘기해요."

딱장대 같은 운전자는 차부터 제대로 세우고 이야기하자고 한다. 무슨 이야기를 하자는 말인가. 먼저 사과해야 하는 게 아닌가. 대뜸 내 입에서는 뜻하지 않은 말이 튀어나온다.

"아줌마 차는 중요하고 넘어진 배너는 안 보이는 모양이죠?"

유치원 다니는 아이를 데리러 온 젊은 여편네는 성난 고양이처럼 덤빈다. 싸움 구경만 해도 가슴이 벌렁거리는 내가 싸워야 할 판이다. 운전자는 온화하게 말을 건네지 않는다고 따지고 들었고 나는 공방 근처에 얼씬도 말라고 소리를 질러댔다.

하루를 거칠게 보내고 며칠을 한기로 보냈다. 수없이 밀치고 간 배너였다. 왜 하필 그 여자가 넘어뜨렸을 때 뛰어나갔을까. 여자는 내가 배너를 변상하라고 나온 줄 알았을 것이다. 어쩌면 젊은 여자는 직장에서 온종일 시달리다 바쁘게 아이를 데리러 왔을지도 모른다. 해가 지기 시작했고, 급한 마음에 차로 배너를 밀었을 것이다. 아이 데리러 갈 시간은 임박한데 내가 화난 얼굴로 나가서 불퉁하게 대응했던 것이다.

나는 또 그게 아니었다. 많은 차가 쉬어 가는 가게 앞, 그저 두고 보는 내게 공방 회원들은 한마디 하라고 부추겼다. 그래도 그냥 두는 게 마음은 편했지만, 사람 좋은 행세를 하니 공방 앞은 주차장이 된다. 안 되겠다 싶어서 마음을 다잡아본 것이 발단이다.

사람 좋은 것보다 내 앞가림 제대로 하고 내 것 제대로 챙기자는 다짐을 하던 중이었다. 남의 옷을 빌려 입은 듯 불편하지만, 그래도 이제는 조금 바꾸어 보겠다고 작정했던 터였다. 그게 비추어졌을 것이다. 그러니 아줌만 왜 화내세요? 온화한 얼굴로 이야기하지 왜 화를 내냐구. 공방 안까지 아이 손잡고 들어온 여자는 사과하러 온 줄 알았더니 다시 따지기 시작했다.

그러게, 왜 그리 화를 냈던 것일까, 그녀에게가 아니라 나 자신에게 냈던 건지도 모르겠다. 끊고 맺기를 잘한다고 장담하면서 알고 보면 헛똑똑이다. 모도리 같지 못하고 매사에 흐리멍텅한 내가 싫었다. 그래서 조금 영악해지려다가 된서리 맞은 고춧잎처럼 처져 있었다.

며칠 뒤 낯선 전화가 걸려왔다.

"제가 주차를 하다가 간판을 부쉈습니다."

"아니에요. 제가 낮게 달았죠? 미안합니다."

공방 문을 닫고 퇴근한 뒤 낯선 이가 간판을 건드려 금이 가게 했다. 며칠 전 우체국 탑차가 치고 간 것을 새것으로 바꾸기엔 아까워서 그냥 쓰던 참이었다. 이제는 아예 간판이 너덜너덜해졌다. 그는 새것으로 바꾸어 주겠다며 재차 사과한다.

"아니에요. 제가 미안합니다. 한번 들러주세요. 따뜻한 차라도 대접하겠습니다."

우리는 얼굴 한번 본 적 없는데 서로 챙겨주는 남매 같았다.

그래, 그냥 살던 대로 사는 거야. 내가 다 맞는 것도 아닌데 누굴 바로 잡으려는 일도 덜 해야지. 그냥 서둘지 말고 바라보는 것도 괜찮은 게야. 영악하게 사는 것보다 조금 어벙하게 사는 것도 좋을 게야. 조금 더 움직이고 따뜻한 자리 내어주며 그렇게 사는 거야. 어리석다고 해도 뭐 어때.

공방 수다

조용하던 도예 공방이 왁자하다. 너도 나도 서로 자신이 했던 부업의 역사를 남자 군대 이야기하듯 했다. 손으로는 그릇을 빚고 한 코 한 코 뜨면 따라오는 실타래처럼 옛이야기를 풀어낸다.

밤 까봤나? 그래 까봤다. 껍데기도 까고 보늬도 까봤다. 봉투 접어 봤나? 그래, 접어 봤다. 인형 눈알은 붙여 봤나?

이런 날이 올 줄 몰랐다! 내가 어찌 이렇게 평화롭게 그릇을 빚고 놀 줄 알았겠나. 선물 가게 한다고 칠성시장으로, 서문시장으로 재료 사러 다닐 때, 갓난쟁이 둘 업고 안고 택시를 탔더니 기사 양반이 삐죽이 돌아보매 남자 없습니까? 카드라. 남편도 없

이 애 둘 데리고 혼자 밥벌이하며 사는 여자인 줄 알았던 모양이래. 내 인생 중 요새가 최고다.

바보처럼 잠만 잔 거라. 우울증 약을 석 달 묵고 나니까 살이 찌는 기라. 시누가 애를 좀 먹이야제. 쌀이야 곡식이야 할 것 없이 나는 친정에서 참 많이 갖다 먹을 때였지. 방에는 시할머니 시동생 시누가 가득하고 나는 한데서 쪼그리고 앉아 설거지하고 있었지. 남편이 출근 준비해서 나를 향해, 다녀올게 하는데 순간, 누룽지 같이 눌어붙었던 화를 구정물에 담아 남편한테 확 퍼부었지. 내가 잘 안 그러는데 내가 좋아 시집간 남자한테 그랬데이. 제정신이 아니었지. 그 남자 와이셔츠 가슴팍에 밥풀이 붙었다가 두둑 떨어지데. 그래도 묻은 밥풀 툭툭 털더니 방으로 들어가 옷 갈아입고 출근했다. 저것이 얼마나 힘들었으면 저러겠나 싶었겠지.

꾸덕꾸덕해진 컵을 깎던 성해 언니가 거들었다.

어느 집이든 따지고 보면 별난 집 없다. 요새 애들 그렇게 살아라 카면 못 산다. 내 공주처럼 산 줄 알았지? 내 이래도 지금이 공주다. 살아 볼 거라고 안간힘을 썼던 날이 있었다 아이가. 슈퍼마켓 해봤나? 콩나물 한 시루에 육천 원 주고 떠 와서 다 파니까 삼천오백 원이더라. 쌀도 팔았는데 친하다고 본전에 주고, 옆집이라고 본전에 주고, 앞으로 남고 뒤로 간다는 말이 나한테 하는 말이더라고. 내가 김치 담는 날은 동네 아줌마들 줄 나라비 서가 기다렸다. 양념 흔전만전 써서 김치를 담그니 남는 게 없었어. 슈퍼마

켓도 얼마 안 하고 문 닫았다. 장사는 질 때도 있고 남을 때도 있지.

그때 구 할배 경찰 월급 이만팔천 원일 때 우리 영감 사우디아라비아 가서 월급 칠십만 원 받았잖은가. 영감이 돌아오던 날 서울서 만나 여관에서 하룻밤 자는데, 007가방에 돈이 가득하더라. 돈 관리가 안 되는 기라. 목돈 빌려주고 푼돈 받으니 그 많던 돈이 그만 손가락 사이로 다 사라지더라.

그때만 해도 송아지 한 마리에 백삼십만 원 했다. 영감이 고생 팔아서 번 돈으로 소를 사서 키웠더니 거기가 부산 금정구 두구동 골프장에서 풀을 뜯어 먹였으니 그 풀이 옳겠나. 소들이 옳잖더라. 농약을 얼마나 쳐댔겠나. 영감이 손수레에 풀 베서 싣고 오면 쪼맨한 내가 뒤에서 밀었다. 그 풀을 소가 먹었으니 소가 성하겠나. 멀쩡하던 소가 시름시름하니 영감은 부아가 나서 집에도 안 들어왔다. 내가 소장사 불러서 외양간에 있는 소를 헐값에 다 넘겨버렸지. 작은 게 간도 컸지? 우리 영감 돌아와서 빈 외양간 보고 암말 않더라. 자기도 억장이 무너졌지만, 본전 생각에 소를 못 팔았던 기제.

누구나 여러 고비 넘기고 살더라. 그래도 한 다리가 천 리라 직계가 속 썩이는 거에 비하면 차원이 다르다. 내 영감 내 새끼 건강하고 속 안 썩이고 살았으니 그것만으로도 잘 산 거지! 지금이 최

고다. 첫째로 몸이 편코 마음도 편타.

도르륵 도르륵, 손물레 소리가 잦아든다. 슈퍼마켓을 운영하면서 화수분처럼 퍼내다 문을 닫았다던 성해 언니의 물레 위에 봉긋한 컵 하나가 완성되었다. 주거니 받거니 하던 수다도 멎고 책상 위에 널브러진 흙을 긁어 담는다. 인형 눈알 붙이는 부업하다가 선물 가게를 했다던 숙이 씨, 올곧게 빗어 넘긴 머리처럼 성품 또한 반듯하다. 금방 쌓아 올린 컵을 비닐에 꼭꼭 싸서 선반에 얹는다.

언니들 이야기를 들으면 엄마 생각이 난다는 미정 씨는 거북이 등을 육각으로 각을 쳐서 마무리를 지었다. 구 할배에게 구정물을 퍼부었던 언니는 초년에 애를 먹였다던 시누이에게 선물한다며 국자 꽂이를 요강만 하게 만들었다. 분홍빛이 나도록 곱게 구워달라고 부탁한다. 여전히 퍼내기 좋아하는 육십 중반의 두 언니는 따뜻한 오월, 쌀밥처럼 피어나는 이팝꽃 같다.

문

선뜻 벽을 넘지 못했던 나는 늘 주위에서 서성이기만 했습니다. 조금씩 나를 위해 문을 열기 시작했습니다. 글을 쓰고 도예를 배우고 도서관마다 기웃거렸습니다.

열아홉 살, 대학교는 먼 나라의 성 같았습니다. 곧 장가가야 할 삼촌, 동생 넷, 내 눈에 들어온 것은 대학 캠퍼스보다 경운기 몰며 힘에 부쳐하던 아버지의 구릿빛 얼굴이 먼저였습니다. 다 핑계겠지요. 특출난 것 하나 없으니 주저앉았겠지요. 그래도 그곳으로 성큼 들어섰다면 조금은 달라졌을까요. 여전히 용기가 부족합니다. 아니 돈이 부족한 걸까요? 그 목마름에 지금도 한 발은 가지 못한 그곳에서 빼지 못하고 있지요.

아이 셋 집 한 채, 텃밭의 채소 가꾸듯 우리를 거두어 주는 느티나무 같은 남편이 있지요. 스물네 살에 남편을 만났습니다. 그때 아버지 손에 이끌려 신랑 손에 건네질 때 그냥 살면 되는 줄 알았습니다. 예고 없이 기다리던 고난을 상상이나 했을까요. 몰랐지요. 울면서 웃으면서 사는 동안 부드러움을 배웠습니다. 아이를 낳아 키우면서 사랑을 알았고, 고통을 만나 허덕이면서 마음을 치유할 줄도 알게 되었지요. 때로는 용을 써도 열리지 않던 고난도 있었고 기다리기도 전에 나를 반기던 행운도 있었습니다. 힘들고 슬픈 일들이 지나갔지만 견딜 만했습니다.

도예를 한 지 십 년, 나만의 작업실을 가지는 것이 꿈입니다. 작업실을 짓습니다. 벽을 칠하고 장식을 달고 음악을 켭니다. 햇살 내리는 뜨락에 화분을 내어놓고 흙 묻은 물레에 걸레질을 하고 한가한 시간에는 시집을 읽습니다. 현실로 들어서지 못하는 희망은 늘 머릿속에서 맴돌고 우물 닮은 작은 하늘만 그립니다.

노을,

나의 작업실입니다. 동네 한갓진 골목에 월세 삼십만 원짜리 작업실을 빌렸습니다. 동반자 같은 수강생들이 모여듭니다. 정월에 먹은 마음 그믐까지 가듯 알알샅샅이 챙기며 동기간처럼 지냅니다. 스승의 날이라며 잔치를 벌입니다. 선생이 좋아하는 찹쌀수제비를 끓여 오는 이, 고기를 삶아 오는 이, 고운 백설기를 가지고 오는 이, 과일과 달콤한 술, 꽃바구니에 케이크가 차려졌습니다. 수강생들이 케이크 앞에 나를 앉혀 놓고 노래를 부릅니다. 해망쩍은 내가 어찌 이 좋은 자리에 있을까요.

더러는 혼자일 때도 있습니다. 그런 날은 흐린 창밖을 보다가 내가 빚은 도자기를 어루만지다가 홍차를 마시다가 또 그릇을 빚다가 노래를 듣고 노트를 펴서 펜을 들기도 하면서 하루를 보냅니다.

육 년째 공방을 꾸려가고 있습니다. 사람들은 여전히 자주 이곳에 모이고 그들의 웃음소리가 골목을 흔들어 깨웁니다. 인둣불 같은 열정은 없지만 가진 것을 가지고 놀 줄 아는 나이가 된 게지요. 젊음의 문을 나서며 소소한 나의 행복에 틈이 생길까 하여, 욕심의 문을 잠급니다.

얻은 말

작가를 생각하면 만개한 아카시아꽃이 떠오릅니다.

온 산을 덮고도 남은 향기는 마을까지 내려와 은은하고 달콤한 향을 전하지요. 벌들의 천국 아카시아꽃처럼 주기를 즐겨하는 작가가 수필집 '지나가는 이야기'를 상정한다니 반갑고 기쁩니다. -곽씨부인-

그를 보면 바다를 닮은 캄보디아의 호수가 생각납니다. 어떻게 그리 위로받고 싶은 많은 이들의 호수가 되었을지 문득 궁금해지다가도 그의 글을 읽고 나면 고개를 끄덕입니다. 효목동 그 집에서 봉투를 접고 밤을 까며 책을 놓지 않았던 작가는 아버지와의 갑작스런 이별과 아직도 덜 아물었을 상처, 성우를 보낸 4월의 아픔을 처절하게 겪어내고 깊은 눈으로 사람들을 어루만져 줍니다. 조경희 작가와 함께 걷는 이 길이 참 다행입니다. -난효-

조경희. 그녀는 팔색조입니다. 수시로 반란을 꿈꾸고 실행하고, 잠재우기를 반복합니다. 때마다 봄꽃 같은 작품을 피워내고, 또 스스로 좌충우돌한다는 테러리스트. 그녀는 어느새 우리 곁에 가을 박꽃처럼 참하고 환한 매무새로 다가와 있습니다. -생강-

같이 글을 읽고, 쓰고, 밥을 먹고, 커피를 마십니다. 사람을 아는 것은 함께한 작은 시간들이 늘어나는 것입니다. 작가의 지나간 시간을 만났습니다. 은은하게 밀려오는 삶의 흔적들이 내 것처럼 가슴에 박힙니다. 과거를 안주 삼아 현재를 나눕니다. '지나가는 이야기'는 열심히 사는 모습의 작은 증거일 뿐입니다. 앞으로의 삶이 더 기대됩니다. 점점이 찍어나가 완성할 모자이크가 궁금한 이유입니다. -혜운-

그의 그릇 공방에는 사람들이 모여듭니다. 그는 돈을 버는 게 아니라 사람을 벌고 저축합니다. 끊임없이 배우고 공부하던 그가 이제는 누군가를 가르치느라 바쁘게 살아가네요. 그는 늘 새로운 모습으로 진화하고 있어요. 그의 성장판은 아직도 열려있군요. 알아갈수록 당신의 삶이 한 편의 수필입니다. -옥산-

그의 글에서는 댕가루 푹푹 넣어 쑨 쇠죽 냄새가 납니다. 의성 고을 세촌마을 농투성이의 발 고린내가 납니다. 계영배에 담긴 고아한 술 냄새도 종종 납니다. 연탄재 무덕무덕 쌓인 골목길 같은 저 사람 조경희, 좀 괜찮은 글쟁이입니다. -유천-

이 도서의 국립중앙도서관 출판예정도서목록(CIP)은 서지정보유통지원시스템 홈페이지(http://seoji.nl.go.kr)와 국가자료종합목록 구축시스템(http://kolis-net.nl.go.kr)에서 이용하실 수 있습니다.

(CIP제어번호 : CIP2019043211)

조경희 수필집
지나가는 이야기

인쇄 | 2019년 11월 10일
발행 | 2019년 11월 15일

글쓴이 | 조경희
펴낸이 | 장호병
펴낸곳 | 북랜드
06252 서울 강남구 강남대로 320, 1108호(황화빌딩)
대표전화 (02) 732-4574 | (053) 252-9114
팩시밀리 (02) 734-4574 | (053) 252-9334

등 록 일 | 1999년 11월 11일
등록번호 | 제13-615호
홈페이지 | www.bookland.co.kr
이-메일 | bookland@hanmail.net

ISBN 978-89-7787-910-2 03810
ISBN 978-89-7787-911-9 05810(E-book)

값 15,000원